Uli Geißler
Das große Ravensburger Natur-Spielebuch

Der Autor

Uli Geißler ist Diakon (evang.) sowie ausgebildeter Spiel- und Kultur-
pädagoge. Er verfügt über langjährige Erfahrung in Gruppen-, Kultur-
und Spielpädagogik und ist als Referent für die „Arbeit mit Kindern sowie
Kinder- und Jugendkulturarbeit" auf Landesebene tätig.
Der Autor zahlreicher Gesellschaftsspiele und Spielebücher lebt mit seiner
Frau in Fürth. Die beiden haben zwei inzwischen erwachsene Söhne.
Bei Ravensburger erschien von ihm bereits *Das große Ravensburger
Spielebuch.*

Dieses Buch widme ich meiner lieben Familie:
Rosi, Benedikt und Ferdinand.

Darüber hinaus habe ich dieses Buch aber auch für all diejenigen verfasst,
die sich ihre Fantasie, die Lust und die Fähigkeit bewahrt haben, ihre
Umwelt mit allen Sinnen wahrzunehmen, zu erforschen und vor allem für
die nachkommenden Generationen zu bewahren. Allen, die mitgespielt
haben: Danke. Es hat stets viel Spaß gemacht.

Uli Geißler

Das große Ravensburger

Natur-
Spielebuch

Über 200 Spiele für Kinder

**Mit Illustrationen
von Birgit Rieger**

Ravensburger Buchverlag

Bibliografische Information Der Deutschen Bibliothek
Die Deutsche Bibliothek verzeichnet diese Publikation in der
Deutschen Nationalbibliografie; detaillierte bibliografische Daten
sind im Internet über *http://dnb.ddb.de* abrufbar.

© 2003, 2007 Ravensburger Buchverlag Otto Maier GmbH
Postfach 1860
88188 Ravensburg
Alle Rechte, auch die des auszugsweisen Nachdrucks, der foto-
mechanischen Wiedergabe und der Übersetzung, vorbehalten.
Layout: Kursiv Visuelle Kommunikation
Illustrationen: Birgit Rieger
Fotos: S. 9, 41, 69, 85, 101 und 125 Heidi Velten
        S. 21 Jutta Weser
        S. 33, 49, 57, 77 und 113 Ulrich Niehoff
Umschlagfoto: Fotosearch, Goodshoot Fotos
Umschlaggestaltung: Dirk Lieb
Redaktion: Susanne Wahl
Printed in Germany

4 3 2 1   10 09 08 07

ISBN 978-3-473-55623-6
www.ravensburger.de

Inhalt

8 Vorwort

9 **Spiele auf der Wiese und im Park**
10 Guten Morgen, liebe Tiere
11 Wilder Naturgesang
11 Kreuzungsfrei
12 Geschichten aus der Natur
12 Spür, wie die Natur dich strei-chelt
13 Blatttablett
13 Seildreieck
14 Das ist der Richtige
14 Nur die Ruhe
15 Gipfelrolle
15 Ausgewogen
15 Sag's nicht
16 Erkannt – gebannt
17 Geländekopie
17 Naturkugel
17 Der König der Natur
18 Steineln
19 Schlange nicht mehr gesehen
20 Den Dingen auf der Spur
20 Gemini
20 Antipoden

21 **Spiele im Wald und im Gelände**
22 Das Geheimnis im Moor
23 Doppelstock
24 Naturpark
24 Nur ein Augen-Blick
25 Rindenschrat und Wurzelgeister
25 Von Natur umwachsen
26 Auf ein Wort
26 Hier spricht der Wald
27 Wenn ich's hör, erzähl ich's dir
27 Ich hab noch eins
28 Kniebaum
28 Astrolle
29 Naturimpuls
29 Hot Bug
30 Naturspur zum Waldschatz
31 Spuren legen

31 Schwingender Robinson
32 Stammklang
32 Trüffel schnüffeln

33 **Spiele in der Stadt und im Dorf**
34 Höchste Natur
34 Umzug
34 Windwerfen
35 Lasst euch nicht erwischen
35 Bäumchen, wechsle dich
36 Wanderstern
36 Pfad des Wissens
37 Heiß
37 So war das früher
37 Umweltdetektive
38 Natur finden
38 Wegspiegel
39 Hast du das gehört?
39 So viel gibt es in der Stadt
39 Rinks und Lechts
40 Flugtag
40 Helleland und Dunkelland

41 **Spiele am und im Wasser**
42 Sekt ohne Selters
42 Flaschenball
42 Giftfisch
43 Unterwasser-Besprechung
43 Schatz aus Atlantis
44 Wasserschloss
44 Feuerqualle
44 Schwimmendes Ei
45 Schatztauchen
45 Mensch über Bord
46 Gruselkugel
46 Wasserbewegung
47 Wasserverlies
47 Frühstück am Pool
48 Leuchtbüchsenschiff
48 Presseschwimmer

49 **Spiele mit Sand und Steinen**
50 Steinboule
50 Zielsteinwurf

51 Am meisten und doch am höchsten
51 Turmbau
52 Steine schnappen
52 Ab in die Grube
53 Sandstadt
53 Welcher war's?
54 Einsturzgefahr
54 Der ist es
54 Ohne Unterbrechung
55 Sandstaffel
55 Steinbilder
56 Labyrinth
56 Steinreihe
56 Stein im Schuh

57 **Spiele bei Regen oder Schnee**
58 Pfützen-Weitsprung
58 Pfützen drücken
59 Pfützen trocknen
59 Gerade noch trocken geblieben
59 Rettet die Titanic
60 Pfützeln
60 Pfützenbüchsengolf
61 Schneeschuhe
61 Schneepastelle
62 Minotaurus friert
62 Das ist der Gipfel
63 Mütze hoch und drauf
63 Tiefschnee-Ball
63 Schneekugel-Transport
64 Lichter der Stadt
64 Eis-Po
65 Bobbahn
65 Bilderwerfen
65 Eisschlauch
66 Schneerugby
66 Pi
67 Gipfelsturm
67 Spurensuche
68 Hosenträger für Schnee-menschen
68 Schneeballballern

69 **Spiele bei Dämmerung und in der Nacht**
70 Lichtquartett
70 Du stehst daneben
71 Strahlemann
71 Luchsjagd
72 Dunkelverstecken
72 Leuchtschiffchen
73 Schwarzes Loch
73 Sternschnuppe
74 Wunder im Licht
74 Uhu
75 Genau im Licht
75 Nachtgeheimnis
76 Rallye zu den Schatten der Nacht

77 **Spiele mit den vier Elementen**
78 *Erde*
78 Unterwelt
78 Trockenmauer
79 Erdbilder
79 Landschaft im Glas
79 Erdpalette
80 *Feuer*
80 Lagerfeuer
81 Feuerschatten
81 Glühende Zeichen
82 *Luft*
82 Naturflieger
82 Wurfkastanien
83 Luftschlange
83 Bunte Perlen im Wind
84 *Wasser*
84 Play Bach
84 Wasserfühlen

85 **Spiele für alle Sinne**
86 *Sehen*
86 Adlerauge
86 Gut getarnt
87 Das war doch ganz anders
87 An der Hand erkannt

88 *Tasten und Fühlen*
88 Fühle, was ich sehe
88 Gut gefühlt ist halb erraten
89 Über Stock und Steinchen
89 Kistenmoos und Schüsselwiese
90 *Hören*
90 Hörschätze
90 Wer hören kann,
  kommt nah heran
91 Horch, was war das?
91 Hörreihe
92 *Riechen*
92 Was riecht denn da?
92 In der Nase liegt die Würze
93 Schnuppory
93 Meine Nase sagt mir,
  das bist du
94 *Schmecken*
94 Schmeck mal
94 Geschmacksverwirrung
95 Guter Geschmack
95 Früchte im Eis
96 *Empfindung von Balance*
96 Balanceakt
96 Seilancieren
96 Verrückt und aufgetürmt
97 Wackelrinde und Schüttelblatt
97 Kopfstock
98 *Empfinden von Bewegung,*
  Tiefe, Zeit und Raum
98 Rollern
98 Wie lange noch?
99 Sag, wie viel
99 Transportpalette
100 Genau auf den Punkt
100 Gleicher Weg noch mal

101 **Spiele zum kreativen Gestalten**
102 Bilder vom Untergrund
102 Strukturgesicht
103 Naturverpackung
103 Das fällt in den Rahmen
104 Überall-Bilder

104 Wohnen mittendrin
105 Garten im Glas
105 Kleine Landschaft
106 Floß
107 Ewige Steinstadt
107 Naturgewebe
108 Naturskulptur
108 Da kommt's her
109 Naturgesichter –
  Naturgeschichte
109 Mosaik
110 Wasserrad
111 Wasserorgel
111 Schneeskulpturen-Park
112 Turm
112 Naturwand

113 **Spiele für größere Aktionen und**
  Gruppen
114 Gaudi-Radrallye
116 Grünes Fest
117 Waldmeister und Waldgeister
118 Leben wie Robinson auf der
  Insel
119 Werkzeug aus Naturmaterial
120 Wanderrallye
122 Geheimnisträger
123 Naturnotizen
123 Schnitzeljagd
124 Naturerfahrungspfad

125 **Kooperative Spiele**
126 Am Freitag spielt der Robinson
126 Mimikry – wo warst du?
127 *Robin Hoods Bande – Rächer*
  der Enterbten
127 Stammbaum
128 Robins Bande
129 Der heilige Speer
130 Fette Beute
131 Robins Baum

132 Register

Spielvergnügen pur in der Natur

Was gibt es Schöneres als draußen im Freien, in der Natur, in unserer Umwelt zu spielen. Die vielfältigen Ideen in diesem Buch regen dazu an, mit der Natur auf spielerische Weise in Kontakt zu kommen. Auch städtische oder weniger grüne Spiel- und Freiflächen um uns herum werden berücksichtigt und für das gemeinsame Spiel genutzt.

Es gibt in diesem Buch beschauliche, fast schon meditative Spielanregungen, bewegungsintensive, auch wilde, verwegene oder spannende und schließlich sogar ganz verrückte Ideen. Allen Spielvorschlägen gemein ist der Kontakt zwischen Mensch und Umwelt, das fröhliche Miteinander und der einfache und lockere Zugang ohne Vorbedingungen.

Viele gute, positive und schöne Momente wünscht allen Spielfreudigen

Die folgenden Symbole erleichtern die Auswahl:

Anzahl der Spieler

Spieldauer

benötigt Spielleiter (Kind oder Erwachsener. Wenn viel Umsicht nötig ist, sollte es ein Erwachsener sein.)

Spiele im grünen Rahmen sind ruhig und besinnlich.

Spiele auf der Wiese und im Park

Gleich vor dem Haus kann das Spiel in und mit der Natur beginnen. Den Körper zu bewegen und auch die Gedanken spielen zu lassen, bereitet viel Vergnügen.

Guten Morgen, liebe Tiere

ab 3 Spieler **15**

Kein Material nötig

Überall durchführbar

Tipp

Dieses Spiel eignet sich gut, um ruhig zu werden und sich darauf einzustellen, die Natur bewusst wahrzunehmen.

Die kurze Erzählung sollte in einer ruhigen, natürlichen Weise vorgetragen werden und zum Mitmachen animieren. Dabei ist es wichtig, die Mitspieler im Blick zu haben. Sie brauchen vielleicht etwas Zeit, um sich in ihre Tierrolle hineinzuversetzen und passende Bewegungen auszuprobieren.

Der Erzähler weist anfangs darauf hin, dass sich die Tiere Zeit lassen können.

GÄHN!

Die Spieler legen sich bequem auf den Boden. Jeder stellt sich vor, ein Tier zu sein. Einer übernimmt die Spielleitung und erzählt eine Geschichte, die alle Tiere gemeinsam erleben. Er weist darauf hin, dass die Handlungen von allen nachgemacht werden sollen.

Beispiel:
Es ist eine lange und geruhsame Nacht. Du schläfst tief und fest. Dein Atem ist gleichmäßig und ruhig. Du träumst einen schönen Traum. Langsam beginnt es zu dämmern. Noch ist alles still.
(Ein paar Sekunden warten.)
Da bahnt sich der erste Sonnenstrahl einen Weg durch das Geäst. Aber du bist noch so müde. Du rümpfst ein wenig die Nase und wackelst mit den Ohren. Du drehst dich um und schläfst weiter.
(Ein paar Sekunden warten.)
Der zweite Sonnenstrahl fällt durch die Zweige und landet warm auf deinem Gesicht. Du bewegst dich ein wenig und versuchst den beiden Sonnenstrahlen zu entkommen. Da trifft dich schon der dritte Strahl und ein leichter Windhauch streift dein Gesicht.
(Ein paar Sekunden warten.)
Du weißt: Der Tag beginnt. Vorsichtig blinzelst du, ganz langsam werden deine müden Augen wach und blicken neugierig umher.
(Ein paar Sekunden warten.)
Du streckst und räkelst dich und wirst allmählich wach. Ganz so, wie es zu deiner Tierart passt, brummst, singst oder summst du wohlig deine ersten Töne in den neuen Tag. Du spürst deine Glieder, richtest dich auf und zeigst dich in deiner vollen Größe.
(Ein paar Sekunden warten.)
Inzwischen ist es hell geworden, und die glitzernden Tautropfen auf dem weichen Moos lassen dich die Nacht endgültig vergessen. Du bist froh, dass du endlich in den Tag hinausziehen kannst. Immer schneller und lockerer bewegst du dich umher. Du bewegst dich, wie sich ein Tier deiner Gattung eben bewegt. Wenn du andere Tiere triffst, begrüßt du sie auf deine Weise. Lass dich aber nicht weiter aufhalten. Ein neuer Tag – ein guter Tag.
(Zeit lassen zum allgemeinen Herumlaufen und Bewegen.)

Wenn alle herumlaufen und -toben, ist das Spielziel erreicht. Alle bewegen sich und sind bereit, sich auf andere und Neues einzulassen.

Wilder Naturgesang

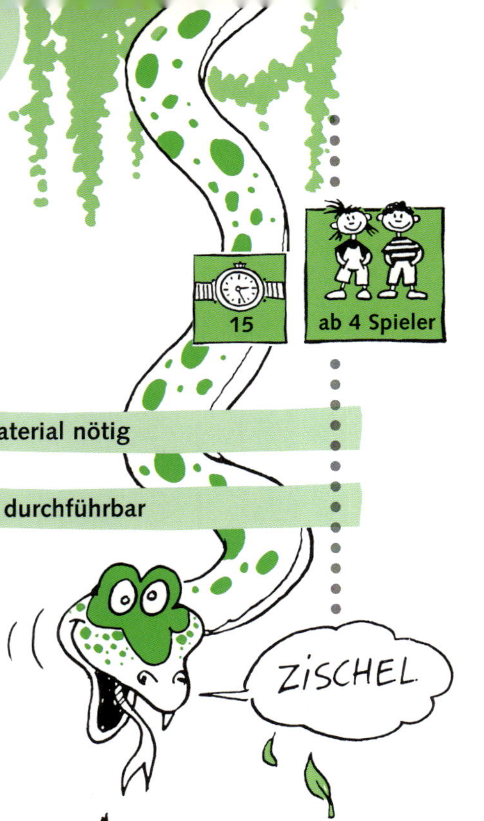

Jeder Spieler überlegt sich ein Tier oder ein Geräusch aus der Natur wie z.B. Vogel, Bär, Fuchs, Insekt, raschelndes Gras, gurgelnder Bach, Hase usw. Es ist früh am Morgen, die Tiergeräusche und -stimmen entstehen also erst ganz langsam. Auch die anderen Geräusche sind zunächst kaum wahrzunehmen. Allmählich schwillt die Stimmen- und Geräuschkulisse an und ein wilder Naturgesang entwickelt sich. Wenn sich die Spieler stimmlich ausgetobt haben, passen sich die Tierstimmen den Naturgeräuschen an, werden sanfter, ruhiger und verschmelzen zu einem harmonischen Klangteppich.

Variante

Alle befinden sich im Urwald. Dort gibt es ganz andere Geräusche: Paradiesvogel, Papagei, Raubtier, Flughund …

Kein Material nötig

Überall durchführbar

Kreuzungsfrei

Eine Spielfläche wird in vier gleich große Felder eingeteilt. Alle Spieler laufen, ohne sich zu berühren, auf der gesamten Fläche in verschiedenen Geschwindigkeiten kreuz und quer: Erst langsam und gemächlich, nach einer Weile immer zügiger und schneller, bis schließlich alle fast rennen. Der Spielleiter klatscht in die Hand und die Lauffläche halbiert sich. Im begrenzten Raum geht das Spiel weiter. Schließlich verkleinert sich die Fläche nochmals. Am Ende schütteln sich alle aus und atmen tief durch, um sich etwas zu erholen.

Kein Material nötig

Überall durchführbar

ab 3 Spieler **10–45**

Geschichten aus der Natur

Gemeinsam spazieren alle durch die Natur und jeder Spieler achtet intensiv und konzentriert auf auffällige, interessante oder ansprechende Naturgegenstände am Wegesrand. Zwei dieser Naturdinge soll jeder Spieler mitnehmen. Zurück von der kleinen Wanderung, setzen sich alle in einen Kreis und legen ihre Fundstücke vor sich hin. Der Reihe nach stellen die Spieler ihre Gegenstände vor und erzählen, worin der Reiz lag, sie mitzunehmen. Wenn alle berichtet haben, kann in einer neuen Gesprächsrunde eine gemeinsame Geschichte erfunden werden. Wer eine Idee hat, nimmt eines der Fundstücke, legt es in die Mitte und erzählt einen oder zwei Sätze dazu. Jemand anders wählt ein weiteres Stück aus, legt es ebenfalls in die Mitte und führt die begonnene Geschichte fort. Wer den letzten Naturgegenstand nimmt, schließt die Geschichte mit einem guten Gedanken ab. Jeder bekommt nun die eigenen Fundstücke wieder zurück.

Material

Verschiedene Fundstücke aus der Natur wie Stöckchen, Rinde, Blätter, Moos, Steine, Stroh, Heu, Knochen, Schneckenhäuschen, Tierhaare und andere interessante Dinge

Ort

Wald, Waldrand, Feldrand, Wiese, Park

Tipp

Es ist selbstverständlich, dass keine geschützten Pflanzen oder Tiere mitgenommen werden und auch nichts gewaltsam der Natur entrissen werden darf. Man sollte vorsichtig mit den Fundstücken anderer umgehen.

ab 2 Spieler **10–20**

Spür, wie die Natur dich streichelt

Kein Material nötig

Überall durchführbar

Jeder sammelt verschiedene Naturgegenstände (z.B. Grashalme, Blätter, kleine Äste, Moos, Federn, Eierschalen, Tierhaare) und behält alles verdeckt bei sich. Es bilden sich Paare. Einer der beiden legt sich gemütlich auf den Rücken und schließt die Augen. Die zweite Person streicht nun mit einem beliebigen der gesammelten Gegenstände vorsichtig über die Wangen oder über die bloßen Oberarme der liegenden Person. Die genießt erst einmal und kann dann versuchen zu erraten, um was es sich bei dem Streichelobjekt handelt. Klar, dass auch mal die Rollen getauscht werden.

12

Spiele auf der Wiese und im Park

Blatttablett

Ein paar Handvoll Laub werden auf das Tablett gehäuft. Der erste Spieler nimmt dieses Blatttablett und trägt es wie ein Kellner mit sich, ohne auch nur ein Blatt zu verlieren. Allerdings soll er es nicht länger als 15 Sek. behalten, sondern vor Ablauf dieser Zeit schnell einem anderen Spieler überreichen. Auch der balanciert es auf einer Hand und reicht es ebenfalls nach spätestens einer Viertelminute an den Nächsten weiter. Wer Blätter verliert, legt sie wieder auf das Tablett, bekommt jedoch so viele Minuspunkte wie verlorene Blätter.

5 **ab 3 Spieler**

Material

3–4 Hände voll Laub, (silbernes) Tablett

Überall durchführbar

Seildreieck

Ein Seil wird zu einem Ring zusammengeknotet. Es können pro Spielrunde nur drei Spieler mitmachen. Sie stellen sich innerhalb des Seils so auf, dass sie es etwa in Hüfthöhe spannen und außerdem ein Dreieck mit gleich langen Seiten bilden. Etwa 1 m vor jedem Spieler wird ein Stock in den Boden gesteckt. Ab jetzt dürfen die Spieler ihre Hände nicht mehr einsetzen. Nach dem Startsignal ziehen die drei mit ihrem Körper fest am Seil und jeder versucht die Markierung vor sich zu erreichen.

5 **ab 3 Spieler**

Material

Seil (ca. 3 m lang), pro Spieler 1 Stock oder ein anderer Markierungsgegenstand (z.B. großer Stein)

Überall durchführbar

Variante:

Lustiger und anspruchsvoller wird das Spiel, wenn die Spieler mit dem Rücken zum Seil und zur Markierung stehen. Sie können sich dann gegenseitig durch Grimassen ablenken.

13

ab 2 Spieler **10–15**

Das ist der Richtige

Aus einer Vielzahl von Baumratekarten zieht jeder Spieler ein bis drei Karten und macht sich auf die Suche nach den dazugehörigen Bäumen. Dabei wird das Kärtchen in einiger Entfernung vor das Gesicht gehalten und hindurchgeschaut. Wer meint, den passenden Baum zur vorhandenen Silhouette gefunden zu haben, merkt sich, wo der Baum steht. Nach einer Weile treffen sich alle und jeder führt seine Bäume vor, die restlichen Mitspieler blicken kritisch durch den „Silhouetten-Sucher" und überprüfen das Ergebnis.

Material
Baumratekarten (aus einem Pappkärtchen schneidet man den Umriss eines Baums aus und verwendet dann den verbliebenen Rahmen); evtl. Bestimmungsbüchlein

Ort
Mischwald

Tipp
Die Baumsilhouetten sollten aus postkartengroßen Pappstücken ausgeschnitten werden. Die Bäume sollen am Spielort auch tatsächlich vorhanden sein. Reizvoll sind auch sehr seltene Bäume.

ab 3 Spieler **10**

Kein Material nötig

Überall durchführbar

Nur die Ruhe

Bei diesem Körperwahrnehmungsspiel werden Bewegungsabläufe deutlicher als sonst. Die Spieler bewegen sich über eine begrenzte Spielfläche. Sie können gehen, laufen oder auch rennen. Wenn die Spielleitung in die Hand klatscht, bewegen sich alle nur noch im Zeitlupentempo und versuchen ihren eben noch natürlich ausgeführten Bewegungsablauf möglichst exakt nachzustellen. Ganz langsam bewegen sie Arme, Hände, Finger, Kopf, Beine, Füße …

Gipfelrolle

An einem leichten Wiesenhang wird in Hangrichtung, also von oben nach unten, eine Strecke von etwa 8 m markiert. Dann versuchen die Spieler, vom unteren Startpunkt aus ins Ziel zu purzeln, also sich nur per Rolle vorwärts ("Purzelbaum") nach oben zu bewegen. Eine merkwürdige, aber auch interessante Körpererfahrung.

Kein Material nötig

Ort

Leichter Wiesenhang

Ausgewogen

Mit dem Rohr bzw. Baumstamm und dem Brett wird eine Wippe konstruiert. Die Spieler stellen sich vorsichtig einer nach dem anderen darauf. Gemeinsam versuchen sie, das wacklige Brett so auszubalancieren, dass die Wippe nicht den Boden berührt und keiner der Spieler herunterfällt.

Material

Stabiles Brett, stabiles Rohr oder auch ein runder, entasteter Baumstamm

Überall durchführbar

Sag's nicht

Ein Spieler denkt sich einen Begriff aus der Natur aus. Es können Pflanzen, Tiere, landschaftliche Begebenheiten oder auch das Wetter gewählt werden. Den gewählten Begriff soll er nun den anderen Spielern möglichst so umschreiben, dass sie nicht sofort erkennen, um was es sich handelt. Das Wort selbst, aber auch direkt abgeleitete Formen wie z.B. Baum – Bäume, Wolke – Regenwolke, Busch – Strauch oder Bach – Bächlein darf man nicht verwenden. Wer das Wort zuerst errät, darf sich als Nächster einen Begriff ausdenken und ihn den anderen umschreiben.

Kein Material nötig

Überall durchführbar

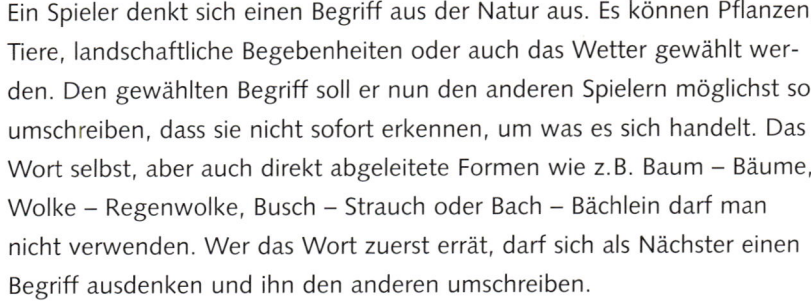

Erkannt – gebannt

... 45, 46, 48, 49, 50!

Neben einem großen Baum wird ein „Bannkreis" von etwa 3 m Durchmesser auf dem Boden markiert. In der Mitte des Kreises wird eine Pyramide aus drei aufrecht aneinandergelehnten Stöcken aufgebaut. Der Baum ist das „Anschlagsmal".

Ein Spieler startet als Verbanner, die anderen verteilen und verstecken sich auf dem vorher vereinbarten, etwa 100 x 100 m großen Spielgelände. Der Verbanner steht inzwischen am Rand des Bannkreises und zählt mit geschlossenen Augen bis 50. Dann ruft er: „50! Über mir, unter mir, neben mir, links, rechts gilt es nicht! Ich komme!" Jetzt darf er die anderen Spieler suchen. Hat er einen entdeckt, rast er zum Bannkreis und dem Mal und schlägt den Spieler unter Nennung dessen Namens an: „1, 2, 3 für … (Name des Spielers) – gebannt!" Der entdeckte Spieler muss sich daraufhin in den Bannkreis begeben. Der gebannte Spieler kommt erst wieder frei und kann sich dann neu verstecken, wenn ein anderer Spieler unbemerkt bis zum Bannkreis vordringen kann, dort die Pyramide umwirft und laut ruft: „… (Name des befreiten Spielers) ist frei!" Beide können dann davonrennen und sich erneut verstecken, während der Verbanner zunächst zum Bannkreis zurückkehren und die Pyramide neu aufstellen muss. Erst danach darf er sich wieder auf die Suche machen.

Findet er in einer vorgegebenen Zeit niemanden, gibt er oder der Spielleiter ein deutlich hörbares Zeichen und alle treffen sich beim Bannkreis, um einen neuen Verbanner festzulegen. Andernfalls übernimmt jeweils der zuletzt verbannte Spieler in der nächsten Runde diese Rolle.

ab 3 Spieler

30–45

Material

3 ca. 1 m lange, gleich starke Stöcke

Ort

Wald, Waldrand

Variante

Auf das Zählen bis 50 wird verzichtet. Einer der Spieler, die sich verstecken dürfen, wirft die drei Stöcke hoch in die Luft und rennt dann weg. Der Verbanner muss zuerst die Stöcke einsammeln und die Pyramide aufstellen. Ist er fertig, ruft er z.B.: „Wer nicht schnell genug gerannt, wird sogleich von mir gebannt."

Geländekopie

Die Mitspielenden teilen sich in zwei Teams auf. Außer Sichtweite der zweiten Gruppe gestaltet die erste der beiden in einem etwa 2 x 2 Meter großen Geländeabschnitt die Fläche mit Steinen, Stöcken, Blättern und anderen vorhandenen Naturmaterialien.

Nun darf ein Spieler des zweiten Teams seinem außer Sichtweite agierenden Mitspieler im Team das gestaltete Gebilde in allen Einzelheiten beschreiben. Dessen Aufgabe ist es, möglichst exakt eine Geländekopie zu erstellen.

Material

Das, was die Natur am Spielort bietet

Überall durchführbar

Tipp

Sind die Gruppen größer, können sich auch zwei Spieler gegenseitig ergänzen und ihrer Gruppe die Flächengestaltung beschreiben.

Der König der Natur

Alle Spieler bewegen sich innerhalb einer Spielfläche von etwa 5 x 5 Metern kreuz und quer hin und her. Heimlich erwählt sich jeder jemanden aus der Spielgruppe als „König (oder Königin) der Natur". Niemand darf verraten, wen er sich ausgesucht hat. Nach einiger Zeit ruft die Spielleitung aus: „Wo ist nur, wo ist nur …" Alle stürzen sich blitzschnell auf ihre heimlich auserwählte Person und rufen: „Der König der Natur" oder „Die Königin der Natur". Für die nächste Runde sucht sich jeder einen neuen Spieler aus.

Überall durchführbar

Naturkugel

Aus Naturmaterialien wird eine etwa kokosnussgroße Kugel geformt und mit dem Bindfaden zusammengebunden. Ein Spieler bekommt die Naturkugel und dreht sich mit dem Rücken zu den anderen Spielern. Dann wirft er sie in hohem Bogen nach hinten und ruft „Eins, zwei, drei – wer hat das Teil?" Der Fänger der Kugel und auch alle anderen verstecken schnell ihre Hände hinter dem Rücken. Sie rufen gemeinsam: „Vier, fünf, sechs, wo ist das Versteck?" Der Werfer dreht sich um und versucht zu erraten, hinter wessen Rücken sich die Naturkugel befindet. Bei richtigem Tipp ist der ertappte Spieler als nächster Werfer an der Reihe, andernfalls muss es der Falschrater erneut versuchen.

Material

Leichte Naturmaterialien (Blätter, kleine Zweige, Rinde), Bindfaden

Überall durchführbar

ab 2 Spieler   **20–30**

Material
*Nussgroße Steinchen mit ungleich-
mäßiger Oberfläche, Filzschreiber*

Ort
Überall

Tipp
*Dieses Spiel stammt im Original
aus dem tibetischen Hochland.
Dort heißt es „Apchu" und es
spielen Hirten mit kleinen
Knochengelenken von Schafs-
skeletten.*

Steineln

Zunächst wirft man Steinchen wie Würfel auf den Boden, um festzustellen, ob sie auf unterschiedliche Weise liegen bleiben können. Wenn man
pro Spieler etwa fünf oder sechs Steine gefunden hat, werden sie markiert. Dabei sind der Fantasie keine Grenzen gesetzt. Es können Punkt-
werte aufgemalt werden oder aber auch Symbole. Wichtig ist, dass jeder
Spieler für die eigenen Steine eine Wertreihenfolge festlegt, also welches
Symbol das höchste, zweithöchste usw. ist. Alle Spieler müssen die Reihenfolge der gegnerischen Steine kennen.

Der erste Spieler wirft einen Stein. Nun folgt der nächste Spieler und wirft
einen Stein. Ist dessen oben liegender Wert höher, darf der Sieger den
Verliererstein zu sich nehmen. Dann wirft er einen eigenen (oder auch den
eben gewonnenen Stein) als neue Vorlage. Bei mehreren Mitspielern folgt
nun der Spieler, der ganz normal als nächster Werfer an der Reihe wäre.

Der Sieger nimmt den gewonnenen Stein auf und legt einen neuen vor.
Wieder folgt der nächste Spieler, also einer, der bisher noch nicht dran war.

Entsteht ein Gleichstand, d. h., der Vorlagestein und der danach geworfene haben den gleichen Wert (beispielsweise dritthöchster Stein), muss
der Spieler, dessen geworfener Stein den Gleichstand erzeugte (der zweite
Werfer), seinen Stein wieder aufnehmen und erneut werfen. Dieses Mal
muss der Stein allerdings auf den Vorlagestein geworfen werden, diesen
also berühren. Liegen beide Steine, gewinnt wieder
der höhere Stein den unterlegenen.

Schlange nicht mehr gesehen

Die Spielfläche wird zum Terrarium, das eine große Aktivzone von etwa 6 x 10 Metern aufweist. Auf einer Schmalseite dieser Aktivzone wird ein Ruhebereich von etwa 2 x 3 Metern mit ein paar Blättern oder dünnen Ästen abgegrenzt. Außerdem werden drei etwa einen Quadratmeter große Rückzugsflächen aus Blättern innerhalb der Aktivzone markiert. Auf diesen Flächen kann sich jeweils nur eine Schlange aufhalten.

Material

Trockene Blätter, dünne Äste, ggf. 1 Tuch

Ort

Wiese oder anderer Ort mit sauberem Boden

Ein Spieler wird zum Schlangenbeschwörer ernannt, die Mitspieler sind unterschiedliche Schlangen. Der Schlangenbeschwörer beschwört allerdings im Dunkeln und schließt die Augen oder bekommt sie verbunden. Alle Schlangen schleichen nun in der Aktivzone umher und versuchen unbemerkt in den Ruhebereich zu kommen.

Der Schlangenbeschwörer versucht seine exotischen Reptilien möglichst lange in der Aktivzone zu halten. Er hört genau hin und darf beschwören, sobald er ein Geräusch wahrnimmt. In unregelmäßigen Abständen beschwört er also eine Schlange, indem er eine kurze Melodie pfeift oder singt und dann den Namen der Schlange (des betreffenden Mitspielers) ruft. Allerdings darf keine Schlange mehrmals hintereinander aufgerufen werden. Der Beschwörer muss auch zwischen seinen Beschwörungen etwas Zeit vergehen lassen, kann also nicht ununterbrochen Namen rufen.

Die Schlangen dürfen außer auf den Rückzugsflächen oder im Ruhebereich nicht unbeweglich liegen oder stehen bleiben, sondern schlängeln und schleichen unentwegt in der Aktivzone umher.

Befindet sich die „beschworene" Schlange in der Aktivzone, muss sich diese Schlange sofort zur ihr gegenüberliegenden Seite bewegen. Liegt die Schlange auf einer Rückzugsfläche, muss sie sich gleich wieder in die Aktivzone begeben, also die Rückzugsfläche freimachen. Ist die aufgerufene Schlange allerdings schon in der Ruhezone, kann sie sich frohgemut zusammenrollen und dort bleiben – es geschieht nichts weiter. Das Spiel endet, wenn alle Schlangen in der Ruhezone angelangt sind oder längere Zeit (zum Beispiel 10 Minuten) keine Schlange dort angelangt ist.

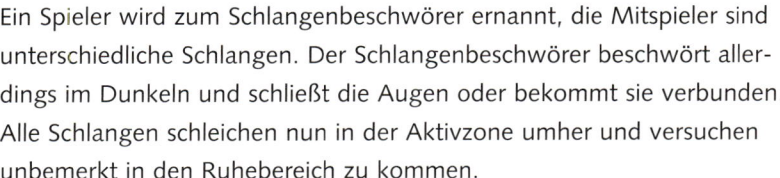

19

ab 2 Spieler **20–40**

Material

Naturgegenstände wie Steine, Zapfen, Äste, Blätter

Überall durchführbar

Den Dingen auf der Spur

Es wird vereinbart, wer zuerst den Dingen auf die Spur kommen möchte. Dieser Spieler schließt die Augen, während nun aus den verschiedenen Naturmaterialien ein Weg mit Kurven und Windungen ausgelegt wird. Die Abstände der einzelnen Dinge sollten nicht größer als etwa 1 Meter sein. Der Spieler mit den geschlossenen Augen wird zum Startpunkt geführt. Er soll – am besten barfuß – dem Weg der Dinge folgen. Schafft er es ohne „Umwege"?

Variante:

Man kann die Spurensuche etwas erschweren, indem man Abzweigungen legt und bestimmte Gegenstände mit einer Funktion versieht. So muss z.B. bei einer Eichenrinde links, bei einer Birkenrinde aber rechts abgebogen werden. Eine Fläche aus frischen, glatten Blättern bedeutet einen kräftigen Sprung nach vorne und wer den Sprung gut schafft, landet auf einem kleinen Heuhaufen. Ausgelegte trockene und raschelnde Blätter hingegen bedeuten, dass man die nächste Spur auf allen vieren kriechend finden muss. Der Fantasie sind keine Grenzen gesetzt.

ab 2 Spieler **20–30**

Material

Was die Natur bietet (Steine, Rinde, Äste usw.)

Überall durchführbar

Gemini

Ein Spieler wählt einen Gegenstand aus der Natur. Die anderen Spieler betrachten ihn kurz und machen sich auf die Suche, einen möglichst identischen Zwilling zu finden. Wer etwas findet, was annähernd ähnlich der Vorgabe ist, darf als Nächster einen Gegenstand auswählen und die Gemini-Suche starten. Gemini heißt übrigens Zwillinge.

ab 2 Spieler **20–30**

Material

Was die Natur bietet

Überall durchführbar

Antipoden

Mit Antipode bezeichnet man zwei genau gegenüberliegende Punkte auf der Erde. In diesem Spiel geht es auch um das Gegensätzliche. Wem zuerst etwas einfällt, darf die erste Aufgabe stellen: Wer findet den größten und den kleinsten Stein im Umkreis von 5 Metern. Sandkörner und Felsen sind nicht erlaubt. Wer die Aufgabe ausreichend erfüllt, darf die nächste Antipodensuche ansagen: Gesucht wird das hellste und das dunkelste Blatt mit Zacken am Rand.

Spiele im Wald und im Gelände

Die Spielmöglichkeiten im Wald sind unbegrenzt. Besonders, wenn man sich Zeit nimmt für die vielen Geheimnisse des Waldes und alle Sinne mitspielen lässt.

Das Geheimnis im Moor

ab 9 Spieler **60–90**

Material

Mehrere Zettel, Stifte, 5 Stoff-streifen (etwa 15 cm breit und 1 m lang), 1 Trillerpfeife

Ort

Wald, Waldrand, Feldrand, Wiese, aber auch überall

Tipp

Die Fragen dürfen nicht zu schwierig sein und sollten möglichst die Gegebenheiten des Spielgebietes einbeziehen. Die Spielleitung kann Vorschläge für Fragen machen.

Ein Spielgebiet und ein Startpunkt, die „Moorhütte", werden vereinbart. Die Spielfläche sollte etwa 400 x 400 m groß und möglichst unübersichtlich sein. Drei der Mitspieler werden als „Moorgeister" ausgewählt. Die restlichen Mitspieler teilen sich als „Geheimnisforscher" in Dreiergruppen auf.

Die Moorgeister verschwinden mit den Stoffstreifen, einem Stift und Zetteln im vereinbarten Spielgebiet. Der Rest der Gruppe darf erst nach etwa 15 Min. in das Gebiet (ebenfalls mit Stift und Papier). Unterwegs denken sich die Moorgeister schnell fünf naturbezogene Fragen und ein Wort aus, z.B. Nebeltier, Wassergift … Dieses Wort ist das Geheimnis. Die Fragen notieren sie auf ihre Fragezettel. Jeder Frage werden ein bis drei Buchstaben des Geheimwortes zugeordnet, sodass die Forscher bei der richtigen Antwort die einzelnen Buchstaben erfahren. Im Spielgebiet befestigen die Moorgeister ihre Stoffstreifen an verschiedenen Stellen. Dann verstecken sie sich einzeln in der Nähe eines Streifens (im Umkreis von etwa 10 m).

Nach 15 Min. Wartezeit machen sich die Geheimnisforscher auf die Suche nach dem „Geheimnis im Moor". Sobald sie einen Stoffstreifen entdecken, suchen sie nach einem Moorgeist. Dieser stellt ihnen eine der Fragen und bei richtiger Antwort nennt er der Gruppe die entsprechenden Lösungsbuchstaben. Nun müssen die Geheimnisforscher einen anderen Moorgeist finden. Zwei Fragen hintereinander dürfen nicht an die gleiche Gruppe gestellt werden, auch bei einer falschen Antwort. Ein Moorgeist muss sich bei einer anderen Markierung verstecken, sobald er von einer Gruppe entdeckt und befragt wurde.

Wenn eine Gruppe das Geheimwort erraten hat, läuft sie schnell zur „Moorhütte" und beendet damit das Spiel. Ein lautes Signal (Pfiff) lässt alle zusammenkommen. Die Gruppe, die das „Geheimnis im Moor" richtig gelüftet hat, ist Sieger.

22

Spiele im Wald und im Gelände

Beispiele:

Weshalb werden frisch gefällte Bäume laufend mit Wasser besprengt?
(Antwort: Schutz vor Borkenkäfern.)
Welche Tiere sind notwendig, um den Kompost zu guter Erde zu
verarbeiten? Nenne mindestens drei.
(Antwort: Kellerassel, Ohrwurm, Regenwurm, Bandfüßer, Steinläufer.)

Variante 1

Das Spiel lässt sich durch schwierigere oder mehr Fragen variieren. Dann
sind aber auch mehr markierte Moorgeister-Verstecke im Gelände nötig.

Variante 2

Möglich ist auch, dass falsche Antworten mit „Strafsteinen" als Minuspunkte geahndet werden. Wenn alle das Wort erraten haben, gewinnt
das Team mit den wenigsten Minuspunkten.

Doppelstock

10 | ab 4 Spieler

Eine Laufstrecke von etwa 10 m Länge wird durch etwas unwegsames
Gelände abgesteckt. Es gibt eine Startlinie und einen Zielpunkt. Die Spieler
bilden Paare. Beide Spieler eines Paares stellen sich jeweils gegenüber und
halten zwei Stöcke parallel wie eine Brücke zwischen sich. Dann legt
jemand einen Gegenstand aus der Natur auf die beiden Stäbe. Auf ein
Zeichen hin sollen die Spieler diesen Gegenstand ins Ziel transportieren,
ohne dabei die Hände von den Stöcken zu nehmen oder den aufgeladenen
Gegenstand zu verlieren. Sollte ein Teil zu Boden fallen, darf es nur mit
den Stöcken, nicht mit den Händen, wieder
aufgenommen
werden.

Material

*Stöcke von gleicher Länge und
Stärke, verschiedene unförmige
Gegenstände aus der Natur, wie
z.B. Wurzelstücke, Riesenblätter,
Steine*

Überall durchführbar

23

ab 2 Spieler **45**

Material
Naturmaterialien (Zweige, Moos, Stroh, Rinde, Steine …)

Ort
Wald, Waldrand, Feldrand, aber auch überall

Tipp
Bei der Gestaltung ist darauf zu achten, dass nichts zerstört oder beschädigt wird.

Naturpark

Die Spieler sollen sich in einem vorher vereinbarten Spielgebiet umsehen und die etwas unauffälligeren Schönheiten der Natur entdecken, die man sonst übersieht, z.B. Moos und ein Spinnennetz auf einem Baumstumpf, eine Vogelfeder im Gras … Nach etwa 15 Min. richten sich die Spieler einen eigenen Mini-Naturpark ein. Mit einigen Veränderungen im abgegrenzten Gebiet können bestimmte Pflanzen, Steine, Moose, Tiere, Wurzeln oder sonstige Besonderheiten besser zur Geltung kommen. Beispielsweise kann man die Fläche um eine besonders schöne Blüte von vertrocknetem Laub befreien, einen von Erde bedeckten Glitzerstein freiwischen oder mit kleinen Steinchen eine schöne Moosfläche umzäunen. Nach der Gestaltungsphase stellen sich alle gegenseitig ihre Naturparks vor.

ab 4 Spieler **30**

Kein Material nötig

Überall durchführbar

Nur ein Augen-Blick

Zwei Mitspieler bilden das erste aktive Paar. Die restlichen Spieler wenden sich ab oder schließen die Augen. Einer der beiden Partner schließt ebenfalls die Augen und wird zu einem interessanten Naturgegenstand oder -gewächs geführt, z.B. einem schönen Stein. Er soll mit dem Kopf ganz nah an das ausgesuchte Objekt herangeführt werden. Für einen kurzen Augenblick darf der geführte Spieler seine Augen öffnen und den Gegenstand oder das Gewächs betrachten. Sofort schließt er wieder die Augen und wird zum Ausgangspunkt zurückgeführt. Er beschreibt nun den anderen Spielern möglichst detailliert sein Objekt. Die Zuhörer öffnen die Augen und wer zuerst entdeckt, um was es sich handelt und wo es zu finden ist, darf als Nächster einen Spieler führen.

Rindenschrat und Wurzelgeister

45–60

ab 2 Spieler

Bei einem Waldspaziergang halten alle Ausschau nach interessant oder merkwürdig geformten Wurzelstücken, Rindenbruchteilen oder auch Steinformationen. Diese sollen als Figuren in einem kleinen Theaterstück lebendig werden. Jeder überlegt, wie sie wohl am besten wirken könnten und stellt sie vor einem großen Felsen, Stein oder einem Holzstoß auf. Gemeinsam oder allein denkt man sich eine Geschichte mit den Figuren aus, z.B. „Die Wunderwurzel vom Silberbach", „Trauergras und Lachmoos" oder „Das Vermächtnis vom Birkengeist". Gegenseitig erzählen sich die Spieler dann unter Einsatz ihrer Figuren die Geschichten.

Material

Interessant geformte Naturgegenstände wie Wurzeln, Steine, Rinden. Für die Variante: Taschenlampe und Schnitzmesser

Überall durchführbar

Variante

Strahlt man mit einer Taschenlampe die Fundstücke an, kann man im Schattenriss ganz neue Formen und Gestalten erkennen. Mit dem Taschenmesser können diese Figuren beschnitzt und so der Ausdruck des Gegenstandes verstärkt werden.

Von Natur umwachsen

30

ab 3 Spieler

Wie in der Sagenwelt kann man sich hier von der Natur „umwachsen" lassen. Dazu legt sich der erste Spieler in einer beliebigen Pose auf den Boden. Die anderen Spieler besorgen Moos, Steine, Gras, Zweige, Blätter, Schneckenhäuser und was sich sonst noch alles finden lässt. Sie legen die Konturen des am Boden Liegenden möglichst exakt nach. Steht der umwachsene Spieler später auf, bleibt ein deutlicher Umriss auf dem Boden zurück.

Material

Alles, was die Natur bietet

Überall durchführbar

Variante

Man kann den Umriss später wie ein Mosaik mit Gegenständen ausfüllen.

ab 3 Spieler • 30–60

Kein Material nötig

Überall durchführbar

Tipp
Wenn man sich gut in die Umgebung hineinversetzt, entstehen mit etwas Fantasie sehr eindrucksvolle Geschichten.

Auf ein Wort

Die Spieler erkunden eine Weile ein begrenztes Gebiet. Dabei achten alle auf kleine und größere Besonderheiten. Das kann ein Blümchen sein, das den Asphalt durchbricht, ein abgesägtes Jungbäumchen, ein Krötenzaun, faulende Wurzeln, zartes Moos, abgeschabte Rinde, frisch gemähtes Heu, gespurter Schnee, ein Trampelpfad durch das Dickicht usw. Nun wählt jeder Spieler eine dieser Auffälligkeiten für sich aus und überlegt dann, was dieser Naturgegenstand wohl aus seinem Leben erzählen könnte, wenn das möglich wäre. Nach 15 Min. kommen alle zusammen. Der Reihe nach erzählen die Spieler nun aus der Sicht ihres Gegenstandes, Tieres oder der ausgesuchten Besonderheit.

Beispiel:
Heute war ein toller Tag. Schon morgens wurde mir ganz warm. Die Sonne schien so, dass der feuchte Tau der Nacht verdampfte. Eine etwas schleimige Schnecke kroch über mich hinweg. Das dauerte ewig. Ganz in meiner Nähe häufen Ameisen den ganzen Tag einen riesigen Berg auf. Wofür, weiß keiner. Mir ist das aber egal. Ich wachse so vor mich hin.

ab 3 Spieler • 20–40

Material
Kärtchen mit Rollenangaben (z.B. Naturschützer, Lehrer, Waldbesitzer, Geschäftemacher, Eule, Bär, Ameise, Bach, ältester Baum in diesem Wald)

Überall durchführbar

Tipp
Bei diesem Spiel muss man sich in unterschiedliche Perspektiven hineinversetzen.

Hier spricht der Wald

Zu Beginn ziehen alle ein Kärtchen und lesen es für sich geheim durch. Jeder überlegt nun im Stillen, was der Wald für dieses Lebewesen oder diese Naturerscheinung Gutes tut. Man stellt sich vor, was der Wald z.B. für einen Vater, ein Reh oder einen Bach alles tun würde. Nach ein paar Minuten erzählen die Spieler reihum, was der Wald zu dem jeweiligen Mensch, Tier oder Gewächs sagen würde.

Wenn ich's hör, erzähl ich's dir

Einer der Spieler erfindet eine kurze Geschichte und untermalt diese Geschichte mit den vorhandenen Geräuschdöschen. Diese werden nach Gebrauch immer wieder an der gleichen Stelle abgestellt, sodass sich die Zuhörer merken können, wo sie stehen.

Beispiel

Eines Tages ging ich einen steinigen Weg entlang (Steinchen schütteln). Während einer kurzen Pause lehnte ich mich an die raue Rinde eines Baumes (Rindenstückchen reiben). Ich stellte mir vor, ich hätte etwas zu trinken bei mir (Verschlussdeckel schütteln). Leider war das nicht so. So zählte ich mein letztes Geld (Münzen klappern) und fand dabei einige Streich-hölzer in meiner Tasche (Streichhölzer schütteln) …

Die anderen Spieler lauschen der Geschichte und den Geräuschen. Dabei müssen sie sich gut merken, wo die jeweiligen Geräuschdöschen abgestellt werden. Ist die Geschichte zu Ende, soll sie möglichst exakt nacherzählt werden. Ein Spieler beginnt und macht die passenden Geräusche nach. Wenn er drei- bis viermal ein Gefäß geschüttelt hat, kommt ein anderer dran und erzählt weiter. Auch wenn jemand beim Erzählen patzt oder ein unpassendes Geräusch schüttelt, wechselt der Erzähler.

Material

Etwa ein Dutzend kleine Döschen oder Säckchen, gefüllt mit kleinen Gegenständen, die Geräusche erzeugen, z.B. Sand, Rindenstückchen, trockene Blätter, alte Brotstückchen, abgebrannte Streichhölzer, Münzen, Zellophan, Flaschendeckel …

Überall durchführbar

Tipp

Es sollten nicht zu viele Geräusche verwendet werden. Besser ist es, einige der Döschen mehrmals in die Geschichte einzubauen. So können sich die Mitspieler die Standorte der Dosen viel besser einprägen.

Ich hab noch eins

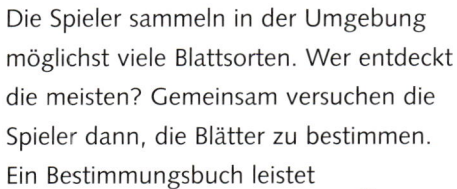

Die Spieler sammeln in der Umgebung möglichst viele Blattsorten. Wer entdeckt die meisten? Gemeinsam versuchen die Spieler dann, die Blätter zu bestimmen. Ein Bestimmungsbuch leistet dabei gute Dienste.

Material

Unterschiedliche Blätter, evtl. ein Bestimmungsbuch

Ort

Überall, wo Büsche, Bäume und Hecken wachsen

Tipp

Die Blätter sollen nicht von den Ästen abgerissen, sondern vorsichtig abgezwickt werden.

ab 4 Spieler   20–30

Kniebaum

Material

Abgesägter und entasteter Baum-stamm (ca. 40 cm lang)

Überall durchführbar

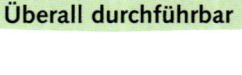

Zunächst wird eine etwa 10 m lange Laufstrecke markiert. Der erste Spieler klemmt sich den kleinen Baumstamm quer oder längs zwischen die Knie. Von der Startlinie aus läuft er damit den vereinbarten Weg entlang, ohne das Holz mit den Händen zu berühren oder zu korrigieren. Fällt der Stamm vor der Ziellinie herunter, bleibt der Spieler stehen und bekommt einen Minuspunkt. Genau von dem Punkt aus, an dem der Stamm zu Boden fiel, nimmt ihn ein anderer Spieler zwischen die Knie und läuft den Weg seines Vorgängers zurück, sodass er also die gleiche Streckenlänge zurücklegt. Übertritt er fehlerfrei die Startlinie, erhält er einen Pluspunkt und der nächste Spieler kommt an die Reihe. Verliert er unterwegs den Stamm, gibt es einen Minuspunkt. Der nun folgende Spieler läuft wieder in die umgekehrte Richtung, also Richtung Ziellinie. Jeder Spieler versucht stets, mit dem Baumstamm zwischen den Knien weiter zu laufen, als der direkte Vorgänger. Schafft es ein Spieler Ziel- oder Grundlinie zu überschreiten, erhält er dafür einen Pluspunkt, der am Ende mit den Minuspunkten verrechnet wird. Jeder der Spieler sollte dreimal an die Reihe kommen. Wer die meisten Pluspunkte bzw. die wenigsten Minuspunkte bekommen hat, ist der Sieger.

ab 1 Spieler   15

Astrolle

Material

Ca. 50 cm langer und etwa 10 cm starker Ast und ein Stock oder Besenstiel

Ort

Auf freier Spielfläche, auch an leichtem Hang

Zuerst wird eine etwa 1 m breite und mit einigen Windungen versehene Strecke kreuz und quer auf die Spielfläche gemalt oder eingeritzt, auch durch eine Pfütze oder über einen Bordstein hinweg. Start und Ziel werden festgelegt. Nur mit dem Stock soll nun der Ast die Strecke entlanggeführt werden. Wird die Bahn verlassen, gibt es dafür einen Minuspunkt. Wer schafft es fehlerfrei?

28

Naturimpuls

20–45 · ab 2 Spieler

In einem Waldgebiet stehen alle Spieler zunächst in einem Kreis zusammen. Jeder atmet tief und kräftig ein und aus. Wenn dann alle etwas ruhiger geworden sind, streift jeder im Spielgebiet umher und versucht, sich von etwas in der Natur („Naturimpuls") zu einer bestimmten Stelle locken zu lassen. Irgendetwas reizt ihn also, zu einem bestimmten Platz zu gehen, z.B. eine plätschernde Quelle, eine einzelne Blüte, ein sich wiegender Ast, ein Insekt, das aus einem Erdloch klettert, ein interessant geformter Fels oder ein Sonnenstrahl. Jeder folgt dem für ihn stärksten Impuls und geht zu der betreffenden Stelle. Dort angekommen, konzentriert sich jeder Spieler und überlegt, weshalb der Impuls so stark war. Nach einer Weile können sich die Spieler über ihre Empfindungen während dieser beschaulichen Aktion austauschen.

Kein Material nötig

Ort

Wald oder Waldrand

Tipp

Bei diesem Spiel kommt es darauf an, dass sich die Spieler diszipliniert verhalten. Man kann den Begriff „Impuls" mit „besonders schöne Stelle" umschreiben.

Hot Bug

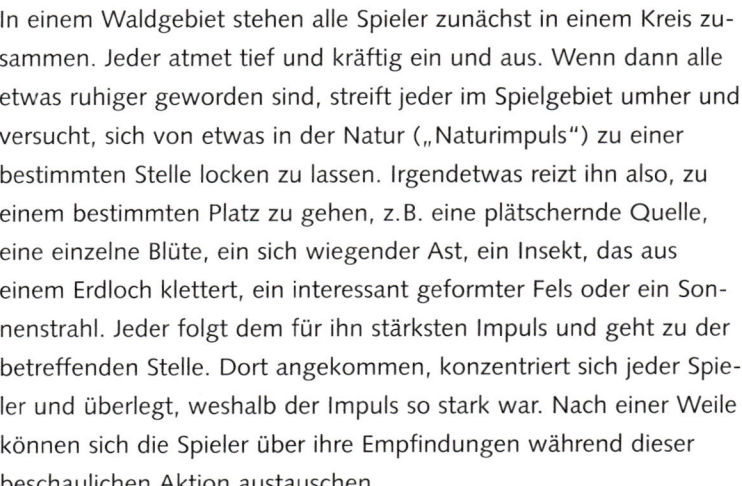

10 · ab 3 Spieler

Aus dem vorhandenen Naturmaterial wird ein „Käfer" gebastelt. Dazu umwickelt man die Rinde mit Blättern und schnürt diese mit Grashalmen fest. Der erste Spieler wirft den Käfer hoch und ein anderer Spieler fängt ihn wieder auf. Doch auch dieser Spieler behält das Tier nicht, sondern schleudert es sofort wieder weiter, als ob der Käfer heiß wäre. Der „Hot Bug" soll stets in der Luft gehalten werden. Fällt der Käfer zu Boden, erhalten der Spieler, der ihn nicht auffangen konnte, sowie der letzte Werfer einen Minuspunkt. Nach 10 Min. oder wenn niemand mehr weiterspielen will, endet das Spiel. Der Spieler mit den wenigsten Minuspunkten hat gewonnen.

Material

1 handgroßes Rindenstück, große Blätter, einige stabile Grashalme

Überall durchführbar

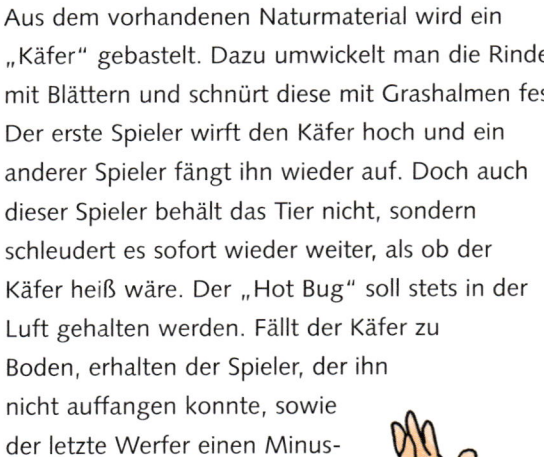
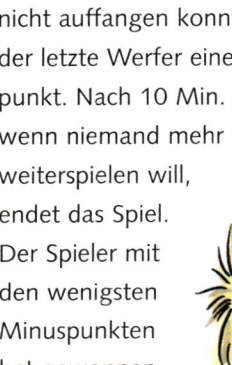

ab 3 Spieler **30–45**

Material

Ein schöner Schatz (z.B. leckere Himbeeren oder schöne Glasmurmeln)

Ort

Wald, Waldrand, abwechslungsreiches Gelände

Naturspur zum Waldschatz

Ein oder zwei Spieler werden als „Hüter des Schatzes" auserkoren. Sie erhalten schon vor dem Spiel einen schönen (oder leckeren) Schatz, den der Rest der Mitspieler nicht zu Gesicht bekommen darf. Die beiden Schatzhüter ziehen los, hinterlassen jedoch erkennbare Spuren. Wichtig ist, dass diese Spuren ausschließlich mit Naturmaterialien oder den Möglichkeiten der Natur gelegt werden. Es können also Pfeile mit Steinen auf die Straße gekratzt oder im Wald mit Stöcken in den Boden geritzt werden. Überwiegend sollten jedoch Waldläuferzeichen zum Einsatz kommen.

An einer passenden Stelle verstecken die Schatzhüter den Schatz. Ein vereinbartes, gut sichtbares Zeichen macht deutlich, dass im Umkreis von 10 m der Schatz versteckt ist. Dann verbergen sich die zwei und erwarten die anderen. Diese dürfen erst nach einer vereinbarten Zeit von etwa 10–15 Min. starten. Sie suchen die Markierungen und folgen ihnen. Am Zielort suchen sie erst den Schatz und dann die beiden Schatzhüter. Gemeinsam erfreuen sich alle an dem wertvollen Fund.

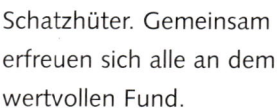

Hier einige bekannte Waldläuferzeichen:

- Steinhaufen mit weiteren gerade, links oder rechts anschließenden kleinen Steinchen: „In dieser Richtung weiter."
- Kreuz aus Steinen, Stöcken, Gras, Blättern, Rindenstücken: „Falsche Richtung oder falscher Weg."
- Kreis aus Steinen, Stöcken oder aufgestellten Grasbüscheln mit einem Kreuz in der Mitte: „Sofortiges Treffen am Ausgangspunkt."
- Kreis aus Steinen, Stöcken, Blättern, Rindenstücken, Gras mit einem großen H in der Mitte: „Hilfe/Help/Bitte hier im Umkreis suchen."
- Ganz abgerissener Zweig: „In der gleichen Richtung weiterlaufen wie bis hierher."
- Abgeknickter, aber noch befestigter Zweig auf der rechten Seite der Laufrichtung: „Nach rechts weiterlaufen."
- Abgeknickter, aber noch befestigter Zweig auf der linken Seite der Laufrichtung: „Nach links weiterlaufen."

Spuren legen

45 ab 2 Spieler

Einer wird Spurenleger. Er bekommt etwa 15 Min. Zeit, um in einem vereinbarten und eingegrenzten Gebiet Spuren unterschiedlicher Art zu legen. Das können Fußspuren sein, nachgebildete Tierspuren oder auch abgeknickte Äste am Wegesrand, niedergedrücktes Gras, fallen gelassene Steinchen oder verspritztes Wasser einer Pfütze. Wer die Spuren legt, merkt oder notiert sich die jeweilige Spurenart und den Ort für spätere Kontrollen. Nach 15 Min. kommt der Spurenleger zurück und die anderen versuchen möglichst alle Spuren zu entdecken. Sie notieren sich ihre Entdeckungen. Sind wieder alle am Ausgangspunkt, werden die Beobachtungen vorgetragen und überprüft. Wurden alle Spuren entdeckt? Welche nicht und weshalb nicht?

Material

Notizpapier und Stifte

Überall durchführbar

Schwingender Robinson

30–60 ab 2 Spieler

Aus schmalen, möglichst langen Rindenstreifen frisch geschlagener Bäume werden lange Taue geflochten. Ihre Stabilität und Reißfestigkeit erproben die Spieler durch fröhliches, aber dennoch vorsichtiges „Tauziehen". Ist ein Rindenseil von ca. 2–3 m fertig, wird ein geeigneter Baum gesucht, der einen starken, abstehenden Ast und im vorgesehenen „Schwungbereich" des Seiles keine störenden Hindernisse besitzt. An diesem Ast wird das Rindenseil gut verknotet und schon kann sich Robinson durch den Wald schwingen.
Einer greift das Seil und klettert ein Stück hinauf. Ein anderer Spieler zieht es mit dem Kletterer langsam hin und her, bis das lange Seil von selbst schwingt. Am Wendepunkt – also, wenn der Rindenstrick nicht mehr weiter schwingen kann – springt man ab. Besonders wichtig ist, dass nur vom Boden aus geschwungen wird, um die Liane nicht zu stark zu belasten und damit ein möglicher Sturz nicht aus zu großer Höhe geschieht. Vielleicht gibt es einen kleinen Wettbewerb, wer am weitesten schwingen und springen kann.

Material

Frisch geschlagene Bäume mit glatter, leicht zu lösender Rinde, evtl. einige Taschenmesser

Ort

Wald, Waldrand

Tipp

Dieses Spiel ist eine Herausforderung, begeistert aber jeden. Das Forstamt oder Waldarbeiter sollten nach geeigneten Bäumen befragt werden. Eine offizielle Genehmigung ist auf jeden Fall hilfreich. Beim Umgang mit Taschenmessern sollte man vorsichtig sein.

ab 2 Spieler | **30**

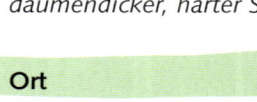

Material

Mehrere entrindete und unterschiedlich starke Äste, ein etwa daumendicker, harter Stock

Ort

Wald, Waldrand

Stammklang

Auf zwei lange, parallel ausliegende, dünnere Äste legen die Spieler verschieden dicke, entrindete Äste und Stämmchen. Diese können wie ein „Xylofon" angeordnet werden. Mit zwei daumendicken, harten Schlagstöcken kann man die Äste anschlagen und ihnen Töne entlocken. Mit etwas Übung können sogar Melodien gespielt werden. Einer der Spieler wird erster „Astmusiker". Die anderen Mitspieler drehen sich um und bekommen eine kurze Melodie vorgespielt. Der Musiker sollte darauf achten, nicht zu schnell zu spielen, und sich einfache Melodien ausdenken. Danach drehen sich die Spieler wieder um und beraten, wie die „Klangstäbe" angeschlagen werden müssen, um die gehörte Melodie genau wiederzugeben. Besteht Einigkeit, spielt einer die vorgegebene Tonfolge in der vereinbarten Abfolge nach. Es ist immer spannend, ob das gelingt. Wurde die Melodie genau nachgespielt, wird ein neuer Spieler „Astmusiker".

ab 3 Spieler | **15**

Material

Filzstifte, 5 hühnereigroße Steine pro Spieler

Ort

Wald, Waldrand

Trüffel schnüffeln

Zunächst sammeln alle Spieler gemeinsam einen Berg von etwa hühnereigroßen Steinen. Das sind die leckeren Trüffel. In einem Waldstück wird ein etwa 10 x 10 m großes Trüffelgebiet abgesteckt. Jeder Spieler markiert fünf der Steine vom Haufen – jeder Spieler in einer anderen Farbe – mit einem selbst erfundenen Symbol als Trüffel. Alle Spieler verteilen sich gleichzeitig im Spielgebiet und verstecken möglichst unentdeckt ihre Trüffel unter den Bäumen. Die Trüffel dürfen nicht zu tief eingegraben werden. Es ist aber erlaubt, Scheingrabungen vorzunehmen, um die anderen zu verwirren. Sind alle mit dem Eingraben der Trüffel fertig, kommen sie zusammen. Ein Startsignal wird gegeben und sofort schnüffeln und graben alle Spieler los, um möglichst viele Trüffel von anderen Spielern aufzustöbern. Eigene Trüffel zählen am Ende nicht. Nach etwa 10 Min. endet das Spiel und wer die meisten fremden Trüffel ausgegraben hat, ist der beste Trüffelschnüffler.

Spiele in der Stadt und im Dorf

Auch zwischen Asphalt und Beton kann man die Natur entdecken, mit allen Sinnen erleben und spannende Spielaktionen durchführen.

ab 3 Spieler | **10–20**

Material

Ein beliebiger, mittelgroßer Gegenstand aus der Natur

Überall durchführbar

Tipp

Dieses Kooperationsspiel kann auch als Wettbewerb zwischen zwei Teams gespielt werden.

Höchste Natur

Ein beliebiger Naturgegenstand soll von den Spielern so hoch wie möglich angebracht bzw. abgelegt werden, ohne Hilfsmittel dazu zu verwenden oder beispielsweise einen Baum zu besteigen. Nur der Körper darf dabei eingesetzt werden.

Variante:

Ein Naturgegenstand soll so weit entfernt wie möglich abgelegt werden. Dabei dürfen Hilfsmittel aus der Natur, z.B. Stöcke, verwendet werden.

ab 3 Spieler | **15–30**

Material

Viele leere Pappkartons in unterschiedlichen Größen

Überall durchführbar

Umzug

Aus einem Altpapier-Container oder in einem Supermarkt werden viele leere Pappkartons besorgt. Dann vereinbaren alle eine Laufstrecke mit einigen kleinen Hindernissen, zum Beispiel eine Slalomstrecke um drei Begrenzungspfosten, über eine kleine Erhebung hinweg, um den Brunnen herum und auf einer Bank entlang. Der Reihe nach soll versucht werden, möglichst viele der leeren Kartons die Laufstrecke entlangzutransportieren, ohne eine Schachtel zu verlieren. Wer eine Schachtel fallen lässt, darf sie nicht wieder aufheben. Wer schafft die meisten Kartons?

ab 2 Spieler | **10**

Material

Zeitungspapier, starker Wind

Überall durchführbar

Windwerfen

Aus Zeitungspapier werden kleine Papierbälle geknüllt. Dann vereinbaren alle eine Abwurfmarkierung und ein bestimmtes Ziel (z.B. Parkbank, Baumstumpf, auf den Boden gekratzter Kreis). Die Spieler stellen sich so auf, dass der Wind quer zur vorgesehenen Wurfrichtung bläst. Aufgabe ist, die Papierbälle ins Ziel zu werfen.

Variante

Wenn sich zwei Gruppen bilden, kann es auch darum gehen, welche Gruppe die meisten Treffer erzielt.

34

Lasst euch nicht erwischen

45–90   ab 6 Spieler

Es werden zwei Gruppen gebildet: eine große Gruppe aus etwa zwei Dritteln aller Mitspieler, das sind die „dunklen Gestalten", und eine kleine Gruppe aus etwa einem Drittel, das ist der „Wachdienst". Der Wachdienst bekommt einen Plan vom vereinbarten Spielgebiet sowie die Auflistung der Orte, an welchen die dunklen Gestalten Aufgaben zu erfüllen haben. Die dunklen Gestalten bekommen den Aufgabenzettel. Sie sollen die Aufgaben erledigen, ohne vom Wachdienst erwischt zu werden. Die dunklen Gestalten dürfen im Spielverlauf auch kleinere Gruppen bilden (immer mindestens drei Personen).

Jede Gruppe hat einen anderen Startpunkt, der auf dem Plan markiert ist. Der Wachdienst muss die dunklen Gestalten bei der Erfüllung ihrer Aufgabe erwischen und mit einem leichten Schlag am Körper berühren. Gelingt ihm das, bevor die dunklen Gestalten fliehen können, bekommen diese einen Minuspunkt, der notiert wird. Der Wachdienst hat gewonnen, wenn die dunklen Gestalten mehr als sechs Minuspunkte haben, andernfalls haben die dunklen Gestalten gewonnen.

Material

Aufgabenzettel und Stifte, Plan des Spielgebietes mit unterschiedlichen Startpunkten

Ort

In einem Stadt- oder Ortsteil, aber auch überall

Beispiele für Aufgaben und Fragen:

- Welche Baumarten wachsen im Ort? Nennt drei verschiedene.
- Was sammeln die Stadtgärtner zurzeit im Park ein? Wieso machen sie das?
- Welche Empfehlung für Gartenfreunde hängt beim Gartenzentrum im Schaufenster?

Variante

Spannend wird es, wenn das Spiel bei Dunkelheit abläuft. Die Aufgaben müssen dann aber an die Gegebenheiten und Vorkommnisse am Abend angepasst werden.

Bäumchen, wechsle dich

15–30   ab 4 Spieler

Die Spieler verteilen sich etwas auf der Spielfläche und jeder markiert um sich herum einen kleinen Kreis als Standort. Ein Spieler bleibt ohne eigenen Platz. Wenn alle ihren Platz gekennzeichnet haben, geht er ein wenig herum und ruft dann plötzlich: „Bäumchen, wechsle dich." Auf das Kommando sausen alle kreuz und quer umher und versuchen einen neuen Standort zu besetzen. Auch der Spieler, der bisher keinen Platz hatte, versucht unterzukommen. Wer übrig bleibt, wird der nächste Ausrufer.

Kein Material nötig

Überall durchführbar

ab 5 Spieler · **30**

Material
Ball

Ort
Auf freier Spielfläche

Wanderstern

Die Spieler sind die Sterne am Himmel und stellen sich in einem großen Kreis auf. Einer von ihnen wird der „Wanderstern", ein anderer der „Magnet". Der Wanderstern versucht zu verhindern, dass ihn der Magnet berührt und sich dadurch an ihn heftet. Die Sterne können dem Wanderstern helfen, indem sie ihm den „Kometen" – das ist der Ball – zuwerfen. Fängt ihn der Wanderstern, ist er gegen den Magnet geschützt und der muss sich sofort zwei Meter von ihm entfernen. Der Wanderstern muss den Kometen allerdings nach ein paar Sekunden wieder zu einem Stern in der Runde werfen. Sobald er ihn nicht mehr in Händen hält, geht die Jagd des Magnets auf den Wanderstern weiter. Berührt der Magnet den Wanderstern, wird dieser magnetisiert. Das Spiel endet, wenn das zum dritten Mal geschieht oder wenn beide Himmelskörper müde sind.

ab 4 Spieler · **20**

Kein Material nötig

Ort
Platz oder autofreie Straße

Pfad des Wissens

Einer wird „Meister der Erkenntnis". Er stellt sich an ein Ende der Spielfläche, alle anderen Spieler an die gegenüberliegende Seite. Die Strecke dazwischen ist der „Pfad des Wissens". Der Meister sucht einen Nachfolger, und nur wer es schafft, den Pfad des Wissens bis zu ihm zu durchlaufen, kann diese Aufgabe übernehmen. Der Meister der Erkenntnis dreht sich um und stellt eine Frage, z.B.: „Wie heißen die Bäume vor der Schule?" Die Spieler überlegen und wer meint, die Frage beantworten zu können, darf einen Schritt nach vorne. Der Meister fragt, wie viele der Spieler die Antwort kennen. Diese stimmen sich schweigend ab und nennen ihm eine Zahl. Der Meister der Erkenntnis überlegt, ob er das glauben kann. Glaubt er, dass tatsächlich so viele Spieler die Antwort kennen, stellt er die nächste Frage. Glaubt er es nicht, darf er sich umdrehen und einen Spieler um die Antwort bitten. Kennt der Gefragte die Antwort, geht das Spiel weiter. Ist die gegebene Antwort falsch, muss dieser Spieler einen Schritt zurück. Der Spieler, der zuerst auf gleicher Höhe wie der Meister der Erkenntnis steht, übernimmt dessen Rolle in der nächsten Runde.

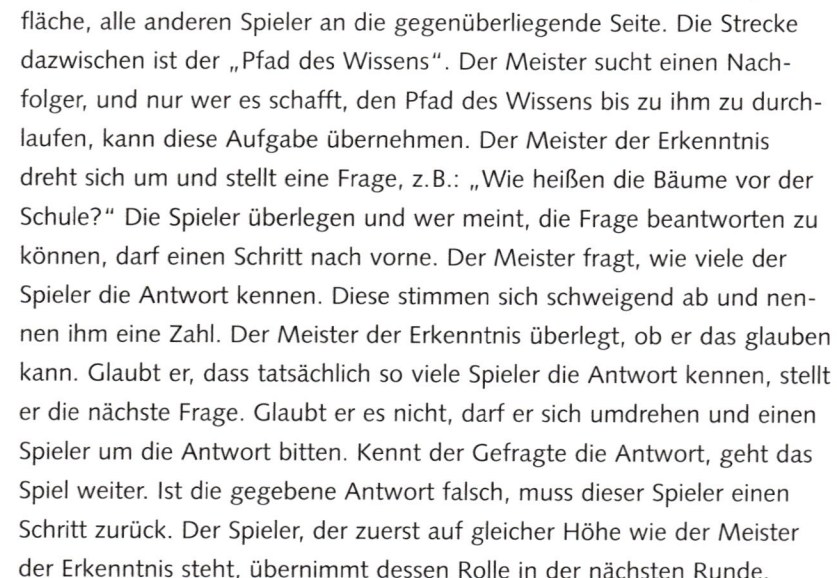

Heiß

Ein „heißes" Spiel, bei
dem es gilt, möglichst den
Boden nicht zu berühren. Es wird
eine bestimmte Strecke oder ein
bestimmtes Ziel vereinbart. Alle stellen
sich vor, der Boden ist unerträglich heiß und kann auf keinen Fall betreten
werden. Die Spieler klettern über Mauersimse und Randsteine, hangeln
sich an niedrig hängenden Ästen entlang oder hüpfen über Baumstümpfe,
Abfallkörbe, Fahrradständer oder Parkbänke hinweg, um ihr Ziel zu
erreichen.

Kein Material nötig

Überall durchführbar

Variante
Der Boden darf immer wieder mit einem Fuß
berührt werden.

So war das früher

Die Spieler schwärmen im vereinbarten Spielgebiet aus und befragen
Passanten nach deren Erinnerungen, wie sich die Natur im Stadtteil in den
letzten zehn Jahren verändert hat. Vielleicht wurden Bäume gefällt und
Bäche überbaut, Plätze neu bepflanzt oder Parks angelegt. Nach einer
Stunde treffen sich alle und berichten gegenseitig von ihren Erfahrungen.
Wer hat die interessantesten Informationen gefunden?

Material
Papier und Stifte für jeden

Überall durchführbar

Umweltdetektive

Die Spieler haben die Aufgabe, in einem begrenzten Spielgebiet auffällige
Umweltsünden zu entdecken und zu notieren bzw. sie aufzumalen. Dabei
geht es nicht nur darum, vorbeifahrende Autos aufzuschreiben oder auf-
zumalen, sondern es sollen kleinere und größere Verstöße gegen den
Umweltschutz beobachtet und auf einem Blatt Papier vermerkt werden.
Am Schluss berichten alle über ihre Entdeckungen. Möglicherweise sind
sogar Umweltvergehen darunter, die dem Umweltamt gemeldet werden
sollten. Die Spielleitung sollte gegebenenfalls Erläuterungen abgeben, wo
Umweltsünden zwar vorhanden, aber unumgänglich sind (Autoverkehr).
Sie kann auch einschätzen, ob etwas meldepflichtig ist, z.B. wenn jemand
Altöl in den Gully gießt.

Material
Papier und Stift für jeden

Überall durchführbar

ab 3 Spieler | **20**

Material

Nur für die Variante: 10 x 10 cm große Zettel und Wachsmalkreiden

Überall durchführbar

Natur finden

Ein oder zwei Spieler wenden sich etwas ab oder schließen ihre Augen. Die anderen Spieler verteilen sich im vorher vereinbarten Spielgebiet und erzeugen mit Naturgegenständen Geräusche. Sie rascheln z.B. mit Zweigen, zerbrechen einen Ast oder klopfen mit einem Stock auf einen Stein. Eine andere Möglichkeit ist, dass sie den abgewandten Spielern einen kleinen Ausschnitt in der Umgebung beschreiben. Dann treffen sich alle wieder bei den abgewandten Spielern. Deren Aufgabe ist es nun, die beschriebenen Stellen zu finden bzw. die gehörten Klänge mit den entsprechenden Naturobjekten zu wiederholen.

Variante

Jeder Spieler paust geheim drei selbst gewählte Naturstrukturen auf kleine Papiere ab, z.B. Rinde, Sand ... Die Zettel aller Spieler werden eingesammelt, gemischt und wieder verteilt, sodass jeder drei der Blätter bekommt. Bekommt jemand einen der eigenen Zettel, tauscht er ihn einfach gegen einen anderen aus. Wer zuerst alle drei Stellen entdeckt hat, ruft laut: „Ich hab's!" Er hat gewonnen, wenn die erratenen Fundstellen mit den aufgemalten Strukturen tatsächlich übereinstimmen.

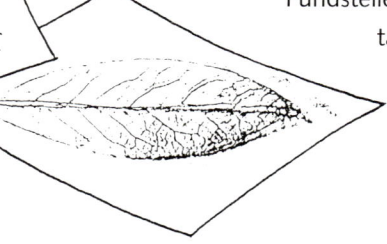

ab 2 Spieler | **20**

Material

Ein nicht zu kleiner Handspiegel, etwa 10 x 15 cm groß

Überall durchführbar

Wegspiegel

Ein Spieler bekommt einen Spiegel und hält diesen so über den Kopf, dass er von unten her hineinblicken kann. Der andere Spieler sucht in einiger Entfernung eine markante Stelle. Das kann ein heller Sandfleck auf dem Boden, eine kleine aus dem Asphalt wachsende Blüte oder das Spinnennetz in einem Busch sein. Der Spieler mit dem Spiegel soll ausschließlich mit dem Blick in den Spiegel das Ziel finden. Hat er es entdeckt, begibt er sich anschließend dort hin.

Hast du das gehört?

Alle verteilen sich auf einer größeren Fläche und schließen die Augen. Etwa 5 Min. lang spitzen die Spieler die Ohren und versuchen, Geräusche und Klänge wahrzunehmen. Sie sollten darauf achten, wer sie erzeugt und ob es sich um natürliche oder unnatürliche Geräusche handelt.

Anschließend tauschen sich die Teilnehmer aus: Welche Geräusche waren natürlich, welche unnatürlich? Was hörte sich angenehm, was unangenehm an? Welcher Klang sollte länger dauern? Gab es ein Lieblingsgeräusch? Gab es „harte" und „weiche" Klänge? Wer kann ein gehörtes Geräusch nachahmen?

Kein Material nötig

Überall durchführbar

Tipp
Geschlossene Augen helfen, konzentrierter zu hören.

So viel gibt es in der Stadt

Ein Spielgebiet wird vereinbart. Innerhalb einer Stunde schwärmen alle Spieler aus und entdecken möglichst viele verschiedene Pflanzen und notieren deren Standort. Balkonpflanzen zählen freilich nicht, sondern ausschließlich Pflanzen, die sich auf öffentlich zugänglichem Raum befinden. Wer die meisten entdeckt, ist Umweltmeister.

Material
Papier und Stift für jeden

Überall durchführbar

Rinks und Lechts

Alle Spieler stellen sich in einem Kreis auf und zählen abwechselnd „eins" und „zwei" durch. Alle Einser werden zu „Rinks", die Zweier zu „Lechts". Jeweils ein Startspieler jeder Gruppe erhält einen Ball. Nach dem Startsignal werfen sich die Gruppe „Rinks" den Ball links (!) herum und die Gruppe „Lechts" rechts (!) herum zu. Es gewinnt die Gruppe, deren Startspieler den Ball nach kompletten drei Runden zuerst wieder in Händen hält. Man kann das Spiel erschweren, wenn mit bestimmten Vorgaben geworfen werden muss, z.B. kopfüber, unter den Beinen …

Material
2 Bälle

Ort
Auf freier Spielfläche

39

ab 2 Spieler | 20

Material

*Papier, Bastelanleitungen für
Papierflieger, ein Ring (z.B. aus
Weidenruten), Stifte*

Überall durchführbar

Flugtag

Die Spieler bauen sich verschiedene
Papierflieger und testen dann deren
Flugeigenschaften. Auf der ver-
einbarten Spielfläche werden verschiedene Stationen gekennzeichnet.
Jeder Spieler hat mit einem ausgewählten Flugzeug Aufgaben zu erfüllen.
Wer die Aufgaben alle bewältigt, bekommt fünf Punkte, wer etwa die
Hälfte der Aufgaben geschafft hat, drei Punkte und wer nur ansatzweise
Erfolg hat, einen Punkt.

Beispiele

- Durch einen Ring aus Weidenruten fliegen.
- Auf einer Din-A4-großen Landefläche landen.
- Einen kleinen Stock über eine bestimmte Distanz befördern.
- Eine Kurve fliegen.
- Über eine bestimmte Linie fliegen und zurückkommen.
- Eine möglichst weite Strecke zurücklegen.
- Möglichst hoch fliegen (an einer Wand markierte Höhenangaben
  können der Orientierung dienen).
- Ein hochgeworfener Gegenstand muss getroffen werden,
  bevor dieser wieder den Boden berührt.

ab 6 Spieler | 20 |

Material

*Beidseitig bemalte Scheibe
(oben schwarz, unten weiß)
mit 15 cm Durchmesser*

Ort

Freie Fläche

Helleland und Dunkelland

Eine rechteckige Spielfläche mit zwei Feldern wird markiert. Die hinteren
Linien der Spielfelder sind die Heimatlinien. Es werden zwei Gruppen,
„Helleland" und „Dunkelland", gebildet, die sich in einer Reihe in der
Mitte des Spielfeldes gegenüber aufstellen. Die Spielleitung wirft nun die
Scheibe in die Luft. Landet sie mit der schwarzen Seite obenauf, versuchen
die Spieler von „Dunkelland" blitzschnell die anderen mit der Hand leicht
abzuschlagen. Liegt die weiße Seite oben, fängt die andere Gruppe. Die
Fliehenden können versuchen, hinter ihre Heimatlinie zu gelangen. Dort
sind sie sicher. Wer getroffen wurde, wechselt in der nächsten Runde die
Spielfeldseite. Jede neue Runde beginnt wieder an der Mittellinie. Wenn
es nur noch ein Land gibt, endet das Spiel.

Spiele am und im Wasser

Fröhliche Spiele am und mit Wasser sorgen für ein quietsch-
vergnügtes Miteinander und kühle Erfrischung.

Material

Kunststoffschüssel oder kleine Wanne

Ort

Flaches Gewässer (See, Meer) oder Freibad

Sekt ohne Selters

Alle Spieler stehen im Wasser. Einer hält die leere Schüssel knapp über seinen Kopf. Alle anderen versuchen nun die Schüssel voll Wasser zu spritzen. Wenn sie voll ist, schüttet sie der Schüsselhalter über einen beliebigen Mitspieler aus. Nun muss dieser sich als Gefäßhalter bewähren.

Material

Pro Spieler einen leichten Wasser- oder Softball, eine unzerbrechliche 1-Liter-Flasche, Wasser

Ort

Überall, wo ein weicher Untergrund vorherrscht (Wiese, Strand, Sandkasten)

Flaschenball

Jeder Spieler füllt seine Flasche mit Wasser und stellt sie in etwa 5 m Entfernung auf. Von einer markierten Grundlinie aus versuchen die Spieler mit ihrem Ball die Flaschen der anderen umzuwerfen, damit sie Wasser verlieren. Fällt eine Flasche um, darf ihr Besitzer sofort lossausen, um sie wieder aufzustellen. Sobald eine Flasche leer ist, endet das Spiel und derjenige, dessen Gefäß noch die meiste Flüssigkeit enthält, hat den Spaß gewonnen.

Material

2 schwimmfähige Plastikfußbälle, ein aufblasbarer Wasserball

Ort

Flaches sicheres Gewässer, Freibad oder Nichtschwimmerbecken

Giftfisch

Zwei Teams stehen sich gegenüber. Ein Team treibt den großen Wasserball – das ist der Giftfisch – durch Wellenmachen Richtung Beckenrand. Niemand darf den gefährlichen Fisch berühren. Das andere Team versucht durch gezieltes Werfen der Bälle zu verhindern, dass der Giftfisch den Beckenrand erreicht.

Unterwasser-Besprechung

Einer wird Spielleiter und hält die Texte erst einmal geheim. Dann werden zwei Teams gebildet. Jede Hälfte eines Teams stellt sich gegenüber der anderen an den Seiten des vereinbarten Spielbereiches auf. Dort werden Papier und Bleistifte bereitgelegt. Jeweils der erste Spieler eines Halbteams bekommt nun einen Text zu lesen – jeder einen anderen. Diesen darf er auf keinen Fall verraten. Das Startsignal wird gegeben und von jedem Halbteam springt ein Spieler ins Wasser, taucht und beim Zusammentreffen mit dem eigenen Teammitglied teilen sich die beiden gegenseitig ihren Text mit. Dann schwimmen sie schnell zum Ausgangspunkt zurück und notieren das unter Wasser erfahrene „Sprichwort". Dann folgen die nächsten Spieler. Sind alle Spieler eines (!) Teams an der Reihe gewesen und die Texte notiert, beendet der Leiter das Spiel und überprüft die Ergebnisse. Stimmen die Texte, gibt es eine eindeutige Gewinner- gruppe. Falls nicht, gewinnt die Gruppe mit den meisten Punkten: Für das

Material

Papier und Bleistifte, pro Spieler 1 Zettel mit kurzen, witzigen Sprüchen oder Sprichwörtern

Ort

See, Meer, Freibad

Tipp

Beispiele für Unterwassertexte:
- *Wenn die Sonne untergeht, ist es zum Aufstehn schon zu spät.*
- *Schwimmt der Babywal zu lange, wird der Walmammi ganz bange.*

Beenden des Spieles gibt es drei Punkte, für jedes richtig geschrie- bene Wort einen Punkt. Alle Punkte eines Teams zählen zusammen.

Schatz aus Atlantis

Die Spieler teilen sich in zwei Gruppen auf. Ein Startspieler jeder Gruppe bekommt einen Wasserball, also einen Teil vom „Schatz aus Atlantis". Nach dem Startsignal geben sich die Teams den Schatz unter Wasser drei- mal im Kreis von Spieler zu Spieler weiter. Der Schatz darf dabei nie über die Wasseroberfläche geraten. Flutscht der Ball doch nach oben, bekommt das Team einen Minuspunkt. Gewonnen hat die Gruppe, deren Startspie- ler nach drei Runden den Ball wieder in Händen hält und welche die wenigsten Minuspunkte erhielt.

Material

2 kleinere Wasserbälle

Ort

Schwimmbecken, flacher See

ab 1 Spieler

30

Material

Naturmaterialien wie Stöcke, Zweige und Äste, Moos, Stroh, Rinde, Steine

Ort

See-, Fluss- oder Bachufer, aber auch große Pfütze

Wasserschloss

Aus Naturmaterialien soll jeder Spieler als Schlossherr ein Wasserschloss mit Türmchen, Brücken und Bogen bauen. Vielleicht entstehen auch eine Zugbrücke und eine Schutzmauer mit Laufsteg. Stöcke werden dabei mit geflochtener Gras- oder Rindenschnur zusammengebunden, Wände aus Stein mit Lehm und feuchtem Sand gemauert, Stützäste in den Boden gesteckt und mit Steinen beschwert und Moos mit dünnen Zweigen festgesteckt.

ab 4 Spieler

5

Material

Verschiedenfarbige Luftballons

Ort

Schwimmbecken oder Seeufer

Feuerqualle

Zunächst wählt jeder Spieler einen Luftballon aus. Es sollte allen klar sein, welcher Ballon wem gehört. Nebeneinander am Beckenrand oder Seeufer stehend, legt jeder seinen Ballon vor sich auf die Wasseroberfläche. Ein Startzeichen wird gegeben und jeder versucht den eigenen Ballon so weit wie möglich von sich wegzustrampeln, als wäre er eine unangenehme Feuerqualle. Die Hände dürfen dabei nicht verwendet werden. Der Spieler, dessen Ballon am weitesten entfernt landet, hat gewonnen.

ab 2 Spieler

5

Material

Je Spieler 1 Tischtennisball

Ort

Schwimmbecken oder flacher See

Schwimmendes Ei

Die Spieler stehen im Wasser und erhalten jeweils einen Tischtennisball, den sie vor sich auf das Wasser legen. Ein Ziel wird vereinbart, z.B. der gegenüberliegende Beckenrand oder eine Begrenzung im See. Nach dem Startsignal schwimmen oder, bei flachem Gewässer, laufen alle los und pusten den kleinen Ball vor sich her, bis er über die Ziellinie schwimmt. Mit den Händen darf nicht nachgeholfen werden. Wessen Ball zuerst im Ziel ankommt, hat gewonnen.

Schatztauchen

Einer wird der Wasserkönig und wirft von den anderen unbemerkt die Steine verstreut ins Wasser. Die Spieler werden in „Forscher" und „Abenteurer" eingeteilt. Auf ein Signal des Wasserkönigs tauchen alle und suchen nach den wertvollen Stücken. Sobald ein Team meint, den wertvollsten Schatz nach oben geholt zu haben, melden sie das dem Wasserkönig. Der beendet die Schatzsuche und überprüft, welche Gruppe den kostbarsten Schatz gesammelt hat. Gold ist am wertvollsten. Zwei Silberstücke sind so wertvoll wie ein Goldstück. Drei wertlose Steine werden als ein Silberstück gerechnet und fünf wertlose Steine gelten als ein Goldstück. Wer die meisten Punkte erreicht, gewinnt den Tauchwettstreit.

Material
20 fest in Alufolie eingewickelte Kieselsteinchen, ebenso viele in Goldfolie eingepackte oder mit „G" markierte Kieselsteinchen, 20 unmarkierte Steine

Ort
Flaches Wasser am See, Meer oder Freibad

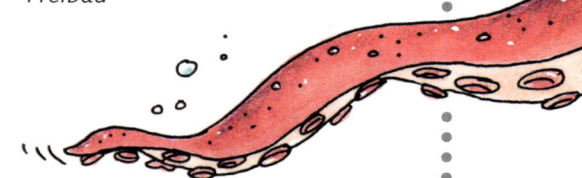

Mensch über Bord

Ein Spielleiter bildet zwei Teams, die sich in zwei Halbgruppen geteilt an den gegenüberliegenden Seiten der Schwimmstrecke aufstellen. Die Spieler sollten klar erkennen können, wie weit sich der Schwimmbereich erstreckt. Die Halbteams auf einer Seite der Spielfläche erhalten jeweils eine Hose, eine Jacke und einen Hut.
Nach einem Startsignal zieht der erste Spieler jedes Halbteams die Kleidungsstücke an, schwimmt auf die gegenüberliegende Seite und befreit sich dort wieder von den nassen Kleidern. Sein nächster Kollege aus der anderen Hälfte des Teams nimmt sich die Sachen, zieht sie an und schwimmt zurück. Das geht so lange, bis alle Spieler einer Gruppe einmal mit Kleidern die Strecke geschwommen sind. Das Team, das zuerst fertig ist und dessen letzter Schwimmer die Kleider ausgezogen hat, ist Sieger.

Material
2 alte Hosen (gewaschen), 2 alte Jacken (gewaschen), 2 alte Hüte (gereinigt)

Ort
See, Meer, Freibad mit etwa 6 m Schwimmstrecke

ab 4 Spieler   10

Material

Wasserball

Ort

Flaches Wasser am See, am Meer oder im Freibad

Gruselkugel

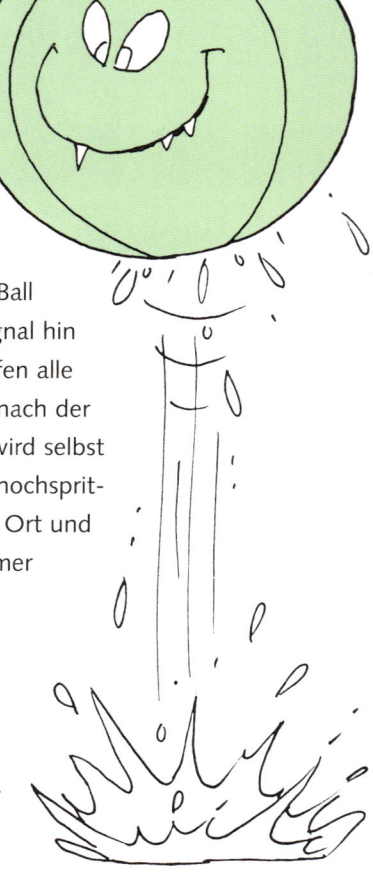

Eine Spielfläche im Wasser von etwa 5 x 5 m wird vereinbart. Die Spieler sollten stehen können. Alle Spieler schließen die Augen und einer drückt als Wasserungeheuer den leichten Ball fest unter Wasser. Auf ein vereinbartes Signal hin lässt er ihn nach oben flutschen. Jetzt dürfen alle wieder die Augen öffnen und blitzschnell nach der „Gruselkugel" greifen. Wer sie erwischt, wird selbst zum Wasserungeheuer und lässt den Ball hochspritzen. Wurde jemand getroffen, muss er an Ort und Stelle stehen bleiben. Flüchtende Schwimmer können versuchen, Getroffene wieder zu befreien, indem sie diese mit der Hand berühren. Das Wasserungeheuer darf nur schwimmen und tauchen, aber nicht laufen. Das Spiel endet, wenn alle getroffen wurden oder wenn keiner mehr Lust hat weiterzuspielen.

ab 3 Spieler   10

Kein Material nötig

Ort

Ufer eines Baches oder Flusses

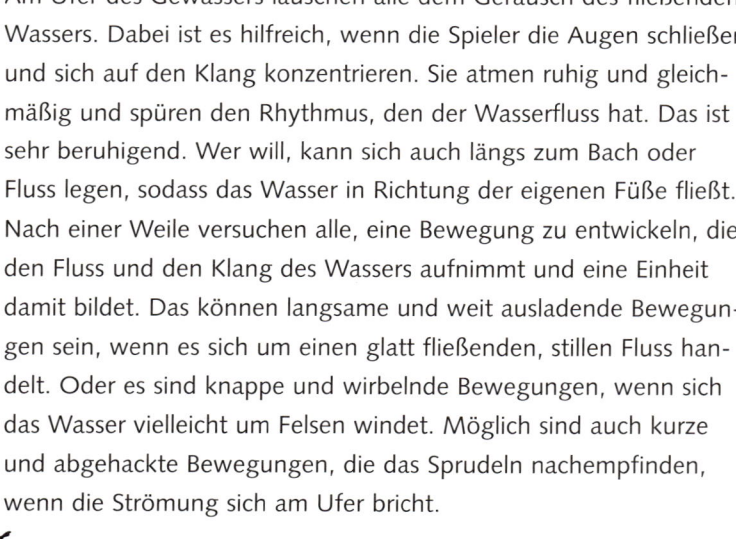

Wasserbewegung

Am Ufer des Gewässers lauschen alle dem Geräusch des fließenden Wassers. Dabei ist es hilfreich, wenn die Spieler die Augen schließen und sich auf den Klang konzentrieren. Sie atmen ruhig und gleichmäßig und spüren den Rhythmus, den der Wasserfluss hat. Das ist sehr beruhigend. Wer will, kann sich auch längs zum Bach oder Fluss legen, sodass das Wasser in Richtung der eigenen Füße fließt. Nach einer Weile versuchen alle, eine Bewegung zu entwickeln, die den Fluss und den Klang des Wassers aufnimmt und eine Einheit damit bildet. Das können langsame und weit ausladende Bewegungen sein, wenn es sich um einen glatt fließenden, stillen Fluss handelt. Oder es sind knappe und wirbelnde Bewegungen, wenn sich das Wasser vielleicht um Felsen windet. Möglich sind auch kurze und abgehackte Bewegungen, die das Sprudeln nachempfinden, wenn die Strömung sich am Ufer bricht.

Wasserverlies

Bis auf einen Gefangenen bilden alle im Schwimmbecken oder See das Wasserverlies des Meereskönigs Neptun. Sie verteilen sich als „Mauer-stücke" kreuz und quer im Spielbereich. Der Gefangene soll diesen Bereich von einer Startlinie aus bis zum vereinbarten Ziel – am besten die gegen-überliegende Seite – durchqueren. Der Gefangene schließt die Augen, die er erst wieder öffnen darf, wenn er in Freiheit ist, also das Ziel erreicht hat. Er versucht das düstere Wasserverlies zu durchschwimmen oder zu durch-schreiten, ohne die Mauern zu berühren. Geschieht das doch, kann er es erneut vom Start aus versuchen. Bei der dritten Berührung wechselt er mit dem berührten Spieler die Rolle.

Kein Material nötig

Ort

Schwimmbecken oder See

Variante
Wenn der Gefangene den Mauern zu nahe kommt, können diese ächzen und dem „Blinden" helfen.

Frühstück am Pool

Alle Spieler befinden sich nebeneinander im Wasser und jeder bekommt ein komplettes Geschirr-Set. Die gegenüberliegende Seite der Wasser-fläche ist das Ziel. Es sollte allerdings nicht weiter als 10 m entfernt sein. Die Strecke muss evtl. mit einem Seil abgegrenzt werden. Teller, Besteck und eine Tasse werden von jedem der „Wasserkellner" auf dem Brett angeordnet. Auf ein Startzeichen versuchen alle das Set ins Ziel zu befördern, ohne dabei etwas zu verlieren. Fällt ein Teil ins Wasser, muss der betreffende Spieler sofort anhalten, sein Geschirr wieder ausrichten und darf sich erst dann weiter fortbewegen. Wer zuerst im Ziel ist, gewinnt.

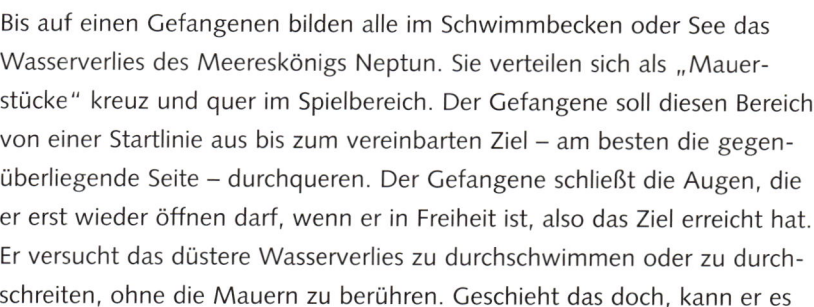

Material

Je Spieler 1 schwimmfähiges Brett, 1 Becher, Teller und Besteck aus Plastik, evtl. 1 Seil zur Begrenzung der Spielfläche

Ort

Schwimmbecken oder flacher See

ab 3 Spieler | 10

Leuchtbüchsenschiff

Material

Je Spieler 1 leere, gesäuberte und entgratete Fischdose, jeweils 1 Teelicht, 1 Spritzflasche (leere Spülmittelflasche), Streichhölzer, wasserfeste Filzstifte

Ort

Schwimmbecken, in Ufernähe eines flachen Sees oder evtl. Kinderplanschbecken

Jeder Spieler markiert für sich mit einem Filzstift eine leere Fischbüchse und stellt ein brennendes Teelicht hinein. Dann werden die kleinen Boote auf die Wasseroberfläche gesetzt. Die Spieler stellen sich in einem Abstand von etwa 1,5 m von den Booten auf. Alle füllen ihre Wasserspritzflasche mit Wasser. Auf ein Zeichen versuchen sie in einer wilden Spritzerei die Boote der anderen so zu treffen, dass die Flamme der Kerze erlischt. Die Schwierigkeit besteht allerdings darin, dass die Büchsen weiterhin auf der Wasseroberfläche schwimmen sollen und nicht untergehen dürfen. Ein Sieger kann ermittelt werden, indem ein Spieler für jeden Kerzen-Treffer einen Punkt erhält. Geht ein Boot unter, bekommt der Besitzer des Bootes zwei Punkte.

ab 4 Spieler | 8

Presseschwimmer

Material

Tageszeitung

Ort

Schwimmbecken oder See

Die Spieler sind „Presseschwimmer". Jeder bekommt eine Seite der Tageszeitung. Die Aufgabe besteht darin, die Seite möglichst trocken ins Ziel zu bringen. Alle starten nach dem Startsignal von einer Grundlinie aus. Gewonnen hat der Spieler, der zuerst im vereinbarten Ziel ankommt und dessen Zeitungsseite noch trocken ist. Ein Spielleiter sorgt für eine gerechte Bewertung. So kann er die Reihenfolge beim Wettschwimmen mit 1–3 Punkten und in gleicher Weise auch den Grad der Nässe bei den Zeitungen bewerten.

Spiele mit Sand und Steinen

Sand und Steine bieten sich als Spielmaterial fast überall in der Natur. Es gibt Spielklassiker, die schon die Großeltern kannten, Geschicklichkeitsspiele aus aller Welt und viele neue lustige Spiele.

ab 2 Spieler

10

Steinboule

Material

Für jeden Spieler 1 Stein in Faust-größe, 1 markanter kleiner Stein; für die Variante: pro Spieler 3 Steine in Faustgröße

Ort

Überall, wo ein weicher Unter-grund das Auftreffen geworfener Steine aushält

Der markante kleine Stein wird als Ziel einige Meter weit geworfen. Der erste Spieler wirft seinen Stein Richtung Ziel. Nun folgt der zweite Spieler. Der näher am Ziel liegende Stein bleibt liegen, der weiter entfernt liegende wird aus dem Feld genommen. Dann wirft der nächste Spieler. Auch hier bleibt der nach dem Wurf näher beim Ziel liegende Stein liegen, der andere wird weggenommen. Haben alle geworfen, gewinnt der Spieler, dessen Stein zuletzt nahe am Ziel liegt.

Variante

Jeder Spieler sucht sich drei Steine und markiert sie mit einem Zeichen. Geworfene Steine bleiben bis zum Schluss liegen. Wenn drei Spieler mit-spielen, erhalten am Ende die drei am nächsten zum Ziel liegenden Steine Punkte, bei fünf Spielern erhalten fünf Steine Punkte usw. Alle anderen Steine erhalten null Punkte. Der Siegerstein zählt zwei Punkte und die anderen Steine zählen je einen Punkt. Es kann vorkommen, dass mehrere Steine dem-selben Spieler gehören, der entsprechend Punkte kassiert. Wer die meisten Punkte hat, ist Sieger.

ab 2 Spieler

5

Zielsteinwurf

Material

Steine, evtl. ein unzerbrechlicher Gegenstand

Überall durchführbar

Ein Ziel wird markiert. Das kann ein auf dem Boden aufgemalter oder ein-geritzter Kreis, eine Vertiefung, ein Gefäß, ein Tor, ein Gegenstand oder ein Steintürmchen sein. Aufgabe ist es, das Ziel zu treffen bzw. den Turm umzuwerfen. Wer es schafft, bekommt einen Punkt und bereitet das Ziel für den nächsten Spieler vor. Geht ein Wurf daneben, gibt es keinen Punkt. Nach einer vereinbarten Anzahl von Runden hat gewonnen, wer die meis-ten Punkte erreichte.

Variante

Es wird so lange gespielt, bis jemand zehn Gewinnpunkte erreicht hat.

Am meisten und doch am höchsten

Es gilt, einen Turm aus Steinen zu bauen. Allerdings ist die Bedingung, dass er möglichst hoch wird und dabei gleichzeitig möglichst viele Steine verwendet werden. Es kommt also auf ein ausgewogenes Verhältnis der Steingröße an. Es dürfen nicht zu viele kleine Steine verwendet werden, da das Gebilde dann kaum in die Höhe wächst, aber auch nicht zu viele große, da das die verwendete Anzahl Steine gering hält. Das erfordert viel Geduld und Fingerspitzengefühl.

Material
Viele verschiedene Steine

Überall durchführbar

Turmbau

Ein Spieler türmt Steine zu einem Turm auf. Der Reihe nach sagen die anderen Spieler, ob ein weiterer Stein aufgesetzt werden soll. Bei jedem „Ja" legt der Spieler einen Stein nach. Fällt ein Stein herunter oder stürzt der ganze Turm zusammen, baut den nächsten Turm der Spieler, der zuletzt noch einen Stein auflegen lassen wollte.
Wer sagt, dass kein Stein mehr aufgelegt werden soll, deutet damit an, dass es einen Einsturz geben wird. Der Turmbauer legt nun trotzdem noch einen Stein auf. Stürzt nun der Turm ein, muss er selbst auch den nächsten Turm bauen. Bleibt der aufgelegte Stein liegen, übernimmt sofort der Spieler den Weiterbau, der den Baustopp gefordert hatte.

Material
Viele verschiedene Steine

Überall durchführbar

Variante 1

Es kann auch so gespielt werden, dass der Reihe nach die einzelnen Spieler selbst einen weiteren Stein auflegen. Wer keinen mehr auflegen möchte, vermutet, dass der Spieler nach ihm den Turm zum Einsturz bringt. Geschieht das nicht, bekommt der Falschtipper einen Minuspunkt und der mutige Weiterbauer einen Pluspunkt. Stürzt der Turm hingegen ein, bekommt der Richtigtipper einen Pluspunkt und der Spieler, der den Einsturz verursacht hat, einen Minuspunkt.

Variante 2

Die Spieler können auch in Zweierteams einen Turm bauen und immer abwechselnd Steine auflegen. Welches Team baut den höchsten Turm?

ab 1 Spieler | 15

Material

Fünf kleine, etwa mandelgroße Steinchen

Überall durchführbar

Steine schnappen

Fünf Steinchen liegen in einer Reihe aus. Mit einer Hand wird der erste Stein aufgenommen, in die Luft geworfen und wieder aufgefangen. Dann wirft man den Stein aus der Hand hoch, greift sich den zweiten Stein und fängt mit der gleichen Hand den hochgeworfenen wieder auf. Das geht so weiter, bis alle fünf Steinchen in der Luft waren und sicher wieder in der Hand gelandet sind. Dieses Spiel wird übrigens fast überall auf der ganzen Welt in unterschiedlichen Varianten gespielt.

Variante 1
Gefangen wird mit dem Handrücken.

Variante 2
Die fünf Steinchen fängt man mit dem Handrücken und lässt vorsichtig einen Stein nach dem anderen auf den Boden kullern. Dann bildet man mit einer Hand ein Tor und schnippt der Reihe nach mit der anderen Hand die Steinchen durch das Tor. Erst, wenn das fehlerfrei gelungen ist, endet das Spiel.

ab 2 Spieler | 10

Material

Für jeden Spieler 2 etwa gleich große Steinchen

Ort

Überall dort, wo man eine kleine Grube in den Boden kratzen kann

Ab in die Grube

Eine kleine Grube wird in den Boden gekratzt. Alle Spieler erhalten zwei Steinchen. Wer in die Grube trifft, muss diesen Stein erst „bestätigen", damit er als Punkt zählt, also einen zweiten Stein ebenfalls in die Grube treffen. Wurde ein Treffer von einem Spieler bestätigt, nimmt er beide Steine aus der Grube und der nächste Spieler kommt an die Reihe. Landet der erste Stein eines Spielers neben der Grube, kommt sofort der Nächste an die Reihe. Es gibt keinen Punkt.

Variante
Ein Spieler wirft beide Steine hintereinander und es zählt jeder Treffer.

Sandstadt

Eine Sandburg kennt jeder. Wie wäre es einmal mit einer zukunftsfähigen Sandstadt? Spielen mehrere Spieler mit, sollten sie sich vor dem Bauen etwas abstimmen. Sie planen und konstruieren supermoderne Häuser und Türme, verwegene Brücken und verschlungene Tunnel. Wenn die Stadt fertig ist, sollte ein Spieler eine ergreifende Einweihungsrede zur Gründung der Stadt halten.

45–60 **ab 1 Spieler**

Material
Viel feuchter Sand

Ort
Regennasser Sandkasten, am Meeresstrand oder bei einem feuchten Sandhaufen

Welcher war's?

Bei geschlossenen Augen bekommt jeder Spieler von der Spielleitung einen Stein in die Hand. Diesen tastet jeder intensiv ab, riecht vielleicht auch daran, spürt die Besonderheiten. Dann werden die Steine wieder eingesammelt und um einige zusätzliche ergänzt. Noch immer halten die Spieler ihre Augen geschlossen. Die Steine werden vom Spielleiter ausgeschüttet. Jetzt soll jeder Spieler den eigenen Stein nur durch Tasten wieder finden.

Variante
Es können auch verschiedene Holzstöcke, Rindenstücke oder Blätter verwendet werden. Sie sollten möglichst von der Größe her sehr unterschiedlich sein, falls sie vom gleichen Baum oder Strauch stammen.

EIN STEIN. MEIN STEIN?

15 **ab 2 Spieler**

Material
Unterschiedliche Steine; für die Variante: Holz- und Rindenstücke oder Blätter

Überall durchführbar

Einsturzgefahr

ab 3 Spieler

5

Material

*Zahlreiche Steine,
ein großes Blatt*

Überall durchführbar

Zwischen zwei Steinhäufchen wird ein Blatt so eingeklemmt, dass es beide wie eine Brücke miteinander verbindet und unter ihm noch etwas freie Fläche bleibt. Ein Spieler legt einen Stein auf das Blatt. Jeder Spieler gibt nun einen Tipp ab, wie viele Steinchen noch aufgelegt werden können, bis das Blatt reißt, herausrutscht oder einfach nach unten abstürzt. Wer schätzt die Einsturzgefahr richtig ein?

Der ist es

ab 2 Spieler

15

Material

Verschiedene Steine; für die Variante auch Holz- und Rindenstücke oder Blätter

Überall durchführbar

Die Spieler sitzen im Kreis. Etwa 15 verschiedene Steine und Felsenstücke werden in die Mitte gelegt. Ein Spieler schließt die Augen. Ein anderer beschreibt ihm sehr detailliert einen der Steine und der „blinde" Spieler versucht, den richtigen Stein durch Tasten zu finden.

Variante
Holzstücke, Rinde oder Blätter werden beschrieben.

Ohne Unterbrechung

ab 2 Spieler

15

Material

Stock

Ort

Überall, wo sich etwas in den Boden einritzen lässt

Gemeinsam vereinbaren die Spieler, welches Motiv sie in den Sand zeichnen wollen. Das kann eine Gebirgslandschaft sein, ein Fahrzeug oder ein Tier usw. Mit dem Stock ritzen die Spieler das Motiv in den Sand. Dabei ist es nicht gestattet, abzusetzen, eine begonnene Linie zu unterbrechen oder eine schon gezeichnete Linie ein zweites Mal nachzufahren. Wer schafft es, sein Sandbild wirklich ohne Unterbrechung fertigzustellen?

Sandstaffel

Es werden zwei Teams gebildet, die im Wettstreit gegeneinander antreten. Die Spieler einer Gruppe stellen sich in einer Reihe auf. Der erste Spieler nimmt von einem etwas entfernt liegenden großen Sandhaufen zwei Handvoll Sand auf und reicht diesen an den nächsten Spieler seiner Gruppe weiter. Der zweite Spieler reicht den Sand möglichst ohne Verlust an den nächsten Spieler in der Reihe weiter und der wieder an den nächsten usw. Der Letzte in der Reihe füllt den Sand in das Gefäß, rennt zum Sandhaufen und holt dort zwei Handvoll neuen Sand. Den gibt er an den ersten Spieler der Reihe weiter und bleibt an diesem Platz am Beginn der Reihe stehen. Alle nachfolgenden Spieler eines Teams verfahren ebenso, bis der ursprüngliche Startspieler den Sand in das Gefäß einfüllt. Das Spiel endet sofort. Welche Gruppe hat am meisten Sand gesammelt?

Material

Sand, Messgefäß (Dose, Eimer …)

Ort

Überall, wo es ausreichend feinen Sand auf einem Haufen gibt

Steinbilder

Die Spieler sind Künstler, die aus Steinen mit unterschiedlicher Zeichnung und Farbe Muster oder Bilder legen. Aus hellen, dunklen, gestreiften oder gepunkteten, grauen, braunen, schwarzen, weißen, matten, glänzenden und anderen Steinen lassen sich die tollsten Motive gestalten. Auch verschiedenfarbiger Sand eignet sich, um Muster zu entwerfen.

Material

Steine aller Art, evtl. auch Sand

Ort

Überall, wo es Steine gibt

ab 1 Spieler · **45**

Material

Kieselsteine, Sand, Erde, evtl. Fotos berühmter Labyrinthe

Überall durchführbar

Tipp

Ein Labyrinth ist ein verschlungener Weg, der allerdings stets ins Ziel führt. In einem Irrgarten kann man sich wirklich verlaufen, da dort verschiedene Wege und auch Sackgassen existieren.

Labyrinth

Labyrinthe üben eine ungeheure Faszination aus. Es gibt einige sehr berühmte wie zum Beispiel das größte erhaltene Rasenlabyrinth Europas von Saffron Walden in England oder das von Chartres in Frankreich. Aus den vorhandenen Materialien versucht jeder Spieler eines dieser Labyrinthe nachzubilden oder sich selbst eines auszudenken.

Steinreihe

ab 3 Spieler · **20**

Material

Steine

Überall durchführbar

Jeder sucht sich zwei markante Steine und betrachtet diese ausgiebig. Dann legen alle Spieler ihre Steine in eine lange Steinreihe. Diese prägt sich jeder sehr genau ein. Ein Freiwilliger wendet sich ab und die Spieler tauschen die Lage von drei bis vier Steinen. Diese Veränderungen sollen von dem abgewandten Spieler richtig erkannt werden.

Für ganz starke Spieler wird es schwieriger, wenn es auch als Veränderung gilt, die Steine nur zu drehen.

Stein im Schuh

ab 4 Spieler · **15**

Material

Mehrere Steine in der Größe einer 2-Euro-Münze

Überall durchführbar

Ein Spieler wendet sich ab, während an einige der Spieler geheim kleine Steine verteilt werden. Wer einen Stein erhält, versteckt diesen in seinem Schuh. Der abgewandte Spieler soll herausfinden, wer einen oder mehrere Steine im Schuh hat. Dazu darf er die Spieler befragen und kann dann raten, oder aber er bittet die Spieler der Reihe nach, einmal im Kreis um ihn herumzugehen. Dann gibt er seinen Tipp ab, wer einen Stein mit sich herumträgt. Tippt er richtig? Egal, wie es ausgeht, nach ihm kommt ein anderer Rater an die Reihe.

Spiele bei Regen oder Schnee

Es gibt kein schlechtes Wetter, nur unpassende Kleidung.
Und die vielen witzigen Ideen nutzen Regen, Eis und Schnee
als wichtiges Spielmaterial.

ab 4 Spieler

10

Material

Regenpfützen, wetterfeste und unempfindliche Kleidung, Gummistiefel

Ort

Überall wo Pfützen sind

Tipp

Es gibt eine unglaubliche Planscherei und auch nasse, schmutzige Kleidung. Aber das Spiel macht viel Spaß, wenn die Spieler wissen, dass sie trotz verschmutzter Kleidung keinen Ärger bekommen.

Pfützen-Weitsprung

Vor einer nahezu unüberwindbaren, großen Wasserpfütze wird ein Absprungspunkt markiert. Die Spieler bilden zwei Gruppen. Eine Gruppe beginnt. Die erste Person springt von der Absprungsmarkierung aus in die Pfütze.
Dort wo sie landet, darf die nächste Person losspringen (mit oder ohne Anlauf) und an deren Landepunkt ist der Startpunkt des nächsten Gruppenmitgliedes. Der Letzte der ersten Gruppe bleibt am Landepunkt stehen. Nun springt das erste Mitglied der zweiten Gruppe am Startpunkt los usw. Gewonnen hat die Gruppe, welche die weiteste Strecke übersprungen hat.

ab 3 Spieler

5

Material

Regenpfützen, Gummistiefel für jeden

Ort

Große Regenpfützen

Pfützen drücken

Alle Spieler stellen sich im Kreis um eine Pfütze herum, sodass sie sich mit ausgestreckten Armen an den Händen fassen können. Nach einem Startsignal versucht jeder die anderen in die Pfütze zu ziehen, ohne dabei selbst das Nass zu betreten.

Pfützen trocknen

Zwei Gruppen sollen im Wettstreit je eine Pfütze trockenlegen. Dazu dürfen ausschließlich die Hände benutzt werden. Auf ein Startzeichen hin schöpfen alle das Wasser aus der Pfütze oder wischen es mit den Handflächen heraus. Die Gruppe, die ihre Wasserfläche zuerst trockengelegt hat, gewinnt.

Material

2 gleich große Regenpfützen

Überall durchführbar

Gerade noch trocken geblieben

Dieses Spiel ist nur bei starkem Regen möglich. Ein bestimmter Zielpunkt wird vereinbart: Waldlichtung, Baumstumpf, Bahnhof, Bücherei, Kaufhauseingang. Alle Spieler starten am gleichen Ort und sollen möglichst trocken am Zielort ankommen. Ein Regenschirm ist nicht erlaubt. Die Spieler können aber von einem überdachten Hauseingang zum nächsten springen oder auf schmalen, vorstehenden Haussimsen entlangbalancieren. Das natürliche Blätterdach darf ebenso ausgenutzt werden wie z.B. eine Brücke, unter der man durchgeht. Wer ist im Ziel am trockensten?

Material

Regenwetter

Überall durchführbar

Rettet die Titanic

Aus einem Papierbogen faltet jeder ein Papierschiffchen. Eine große Pfütze wird zum weiten, herausfordernden Meer. Ein Start- und ein Zielpunkt werden festgelegt. Mit einem beweglichen Leerrohr pusten die Spieler nach dem Startsignal ihre Schiffe vorwärts. Wessen Schiffchen schafft es zuerst ins Ziel, ohne vorher zu versinken?

Material

Din-A4-Papierbogen, je Spieler 1 ca. 1 m langes, flexibles Leerrohr oder 1 Stück Kunststoffschlauch

Ort

Große Regenpfütze

Pfützeln

ab 2 Spieler

5

Jeder Spieler sucht sich einen großen Stein, legt diesen in die Wasserpfütze und stellt sich mit beiden Beinen darauf. Nun soll jeder einen anderen Spieler auf irgendeine Weise dazu bringen, ins Wasser zu treten, also den Stein zu verlassen. Alle dürfen mit verrücktesten Versprechungen locken, Grimassen schneiden, schimpfen, argumentieren, den anderen erschrecken, ihn an den Händen ziehen oder mit den Armen herunterschubsen. Wer am längsten auf seinem Stein stehen bleibt, ist Sieger.

Pfützenbüchsengolf

ab 2 Spieler

5–10

Am Außenrand einer großen Pfütze platziert jeder Spieler seine leere Konservendose, sodass die Öffnung zur Pfützenmitte ausgerichtet ist. Am gegenüberliegenden Rand legt jeder seine drei kleinen Steine in einer Reihe nebeneinander ab und nimmt sich einen stabilen Stock. Mit einem Pfiff startet das Spiel, und jeder versucht so schnell wie möglich, seine drei Steine mit dem Stock durch die Pfütze in seine Büchse zu befördern. Ein Stein darf nur geschubst oder geschleudert werden. Sieger ist, wer alle drei eigenen Steine vollständig in seine Büchse gebracht hat.

Variante

Jeweils zwei Spieler bilden ein Team. Einer von beiden schließt die Augen und führt den Stock, während der zweite angibt, wie der Stock zu führen ist. Auch hier gewinnt ein Team, wenn alle drei Steine in der Büchse liegen. Dann kann die Spielaufgabe gewechselt werden.

Schneeschuhe

Von Weidensträuchern schneidet man die benötigten Ruten dicht am Boden mit einem scharfen Taschenmesser oder einer Gartenschere ab. Dann biegt man sie in die Form eines Tennisschlägers und fixiert die beiden Enden mit einer Schnur so, dass sie in dieser Form bleiben. Nun wird die entstandene Innenfläche mit kurzen Verbindungsstöcken als Gitter gestaltet. Aus Schnur wird in der Mitte eines jeden Schneeschuhs eine Schlaufe befestigt, sodass man mit einem Schuh hineinschlüpfen kann und der Schneeschuh hält. Sind die Schneeschuhe fertig, geht es ab in den Tiefschnee zum Ausprobieren.

Material

Warme Kleidung und viel Schnee, Weidenruten, Schnur, Taschenmesser, evtl. Gartenschere

Überall durchführbar

Schneepastelle

Für diese künstlerische Aktion befüllt man mehrere Blumen-Sprühpumpen mit verschiedenen Lebensmittelfarben. Jeder versucht dann, ein zartes Landschaftsbild auf den Schnee zu sprühen. Eine Begrenzung mit Stöcken oder auch mit der Hand in das weiße Pulver gekratzt, sorgt für eine bessere Wirkung des „Gemäldes".

Material

Warme Kleidung und viel gut haftender Schnee, Lebensmittelfarben, Blumen-Sprühpumpen, Pinsel

Überall durchführbar

ab 2 Spieler | **45–90**

Material

Warme Kleidung und sehr viel gut haftender Schnee

Überall durchführbar

Tipp

Damit man sich in einem richtigen Labyrinth nicht verläuft, muss man nur mit einer Hand immer an der rechten Wand entlangtasten und die Wand nicht mehr loslassen. Nach einigen langen Umwegen gelangt man automatisch zum Ausgang.

Minotaurus friert

Im Labyrinth von Knossos auf der griechischen Insel Kreta soll einst ein fürchterliches Ungetüm, der Minotaurus, gehaust haben. In einem Schneelabyrinth hätte es das Ungeheuer sicher nicht lange ausgehalten, weil es ihm zu kalt geworden wäre. Aufgabe für alle ist, ein Labyrinth aus Schnee zu konstruieren. Am Schluss probieren alle, welches der direkteste Weg in die Freiheit ist.

Variante

Es können auch Labyrinthe in den Schnee getreten, mit den Schuhen oder einem Stock eingeritzt werden.

Das ist der Gipfel

ab 3 Spieler | **5**

Material

Schnee, Stöckchen, kleines Tuch

Überall durchführbar

Zwei Gruppen werden gebildet. Jedes Team versucht, so schnell es geht, mit dem vorhandenen Schnee den höchsten Berg aufzutürmen. Die Spielleitung beendet mit einem Zeichen nach etwa 5 Min. den Wettstreit. Auf den Gipfel der Gewinner wird ein selbst gebasteltes Fähnchen aufgesteckt.

Variante 1

Es wird beim Schneeaufhäufen auf größte Stabilität geachtet. Am Ende soll der Berg ein Gruppenmitglied tragen können.

Variante 2

Ein hoch gelegener Punkt, z.B. ein Fenstersims oder eine Markierung an einer Hauswand soll von dem Schneeberg aus erreicht werden können.

Mütze hoch und drauf

Einer wirft eine Mütze hoch und die anderen Spieler versuchen sie mit Schneebällen zu treffen. Wem das gelingt, der erntet Ruhm und Ehre.

5 · **ab 2 Spieler**

Material
Mütze

Überall durchführbar

Tiefschnee-Ball

Die Spieler begeben sich auf eine tief verschneite Fläche und bilden einen Kreis. Der Ball soll, ohne die Hände zu benutzen, im Kreis bewegt werden. Außer den Händen können dabei alle Körperteile eingesetzt werden. Wer den Ball an einen anderen Spieler abgegeben hat, formt schnell einen Schneeball und legt ihn weit hinter sich ab. Dann spielt er wieder mit. Wenn alle keine Lust mehr haben, können sie eine Schneeballschlacht machen oder aus den gesammelten Schneebällen gemeinsam eine witzige Schneeskulptur gestalten.

20 · **ab 4 Spieler**

Material
Wasserball

Ort
Freie Fläche mit Tiefschnee

Schneekugel-Transport

Hier ist Geschicklichkeit sehr wichtig. Paare werden gebildet und jedes Paar klemmt sich einen großen Schneeball zwischen die Hüften. Ohne die Verwendung der Hände sollen die Zweierteams den Schneeball zu einem Ziel befördern. Am besten sind diejenigen, die am Ende noch die größte Schneekugel zwischen sich tragen.

10 · **ab 4 Spieler**

Material
Schnee

Überall durchführbar

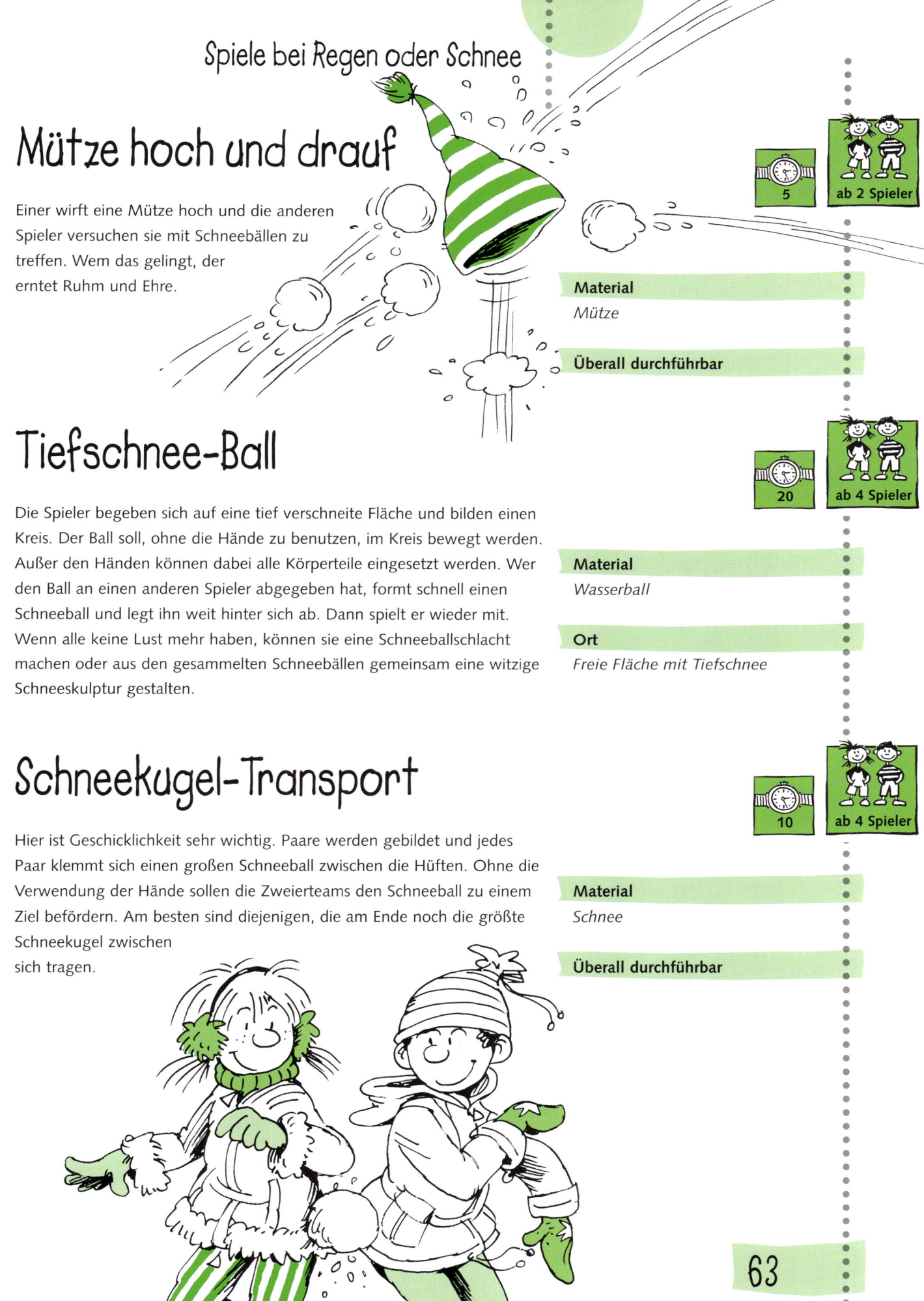

ab 1 Spieler   60

Lichter der Stadt

Material
Warme Kleidung und viel gut haftender Schnee, Teelichter, einfache Blumenspritze

Überall durchführbar
Für den Leuchteffekt sollte es dämmrig oder dunkel sein.

Tipp
Mit offenem Feuer vorsichtig umgehen. Moderne Winterkleidung ist oft aus leicht schmelzenden Kunstfasern gefertigt.

Aus gut haftendem Schnee wird eine mittelalterliche Stadt mit verwinkelten Häuschen, Türmen und Mauern gebaut. Damit sie über Nacht gefriert, wird sie am besten mit Wasser besprüht. Am nächsten Tag stellt man in jedes Fenster ein angezündetes Teelicht. Bei Dunkelheit entsteht so eine herrliche Kulisse.

Variante
Mit kleinen Schneebällen versuchen die Spieler der Reihe nach die Teelichter zu treffen und so die Lichter zu löschen.

ab 2 Spieler   10

Eis-Po

Material
Warme Kleidung, besonders dicke Handschuhe (!), 1 rotes Tuch und 1 Stück Rutschpappe für jeden

Ort
Sichere Eisfläche

Auf einer sicheren Eisfläche wird ein Kreis eingekratzt und in die Mitte ein rotes Tuch gelegt. In etwa 5 m Entfernung stellen sich alle Mitspieler um diesen Kreis herum auf. Auf ein Zeichen setzen sich alle blitzschnell auf ihre Rutschpappe und schieben sich mit den Händen in die Mitte des Kreises. Wer zuerst das Tuch hochhält, hat gewonnen.

Bobbahn

45   ab 2 Spieler

Aus gut haftendem Schnee konstruieren alle gemeinsam eine lange und mit vielen Kurven, kleinen Steigungen und langen Neigungen versehene Kullerbahn. Am Schluss wird die Bahn mit Wasser besprüht und so über Nacht gefestigt und glatter gemacht. Mit Murmeln können dann aufregende Rennen ausgetragen werden.

Material
Warme Kleidung, viel Schnee, Blumen-Sprühpumpe, Murmeln

Überall durchführbar

Bilderwerfen

20   ab 2 Spieler

Jeder Spieler bereitet sich etwa 30 Schneebälle aus gut haftendem Schnee vor. Dann nennt die Spielleitung einen Buchstaben, ein Symbol oder einen Gegenstand. Diese sollen mit den Schneebällen an die Wand geworfen werden. Der Reihe nach versucht es jeder. Schafft es jemand, erkennbar den geforderten Gegenstand zu werfen?

Material
Warme Kleidung und viel gut haftender Schnee

Beispiele für Vorgaben
X, O, L, Dreieck, Wasserkessel, Reifen, Hut, Blatt, Baum, bekanntes Tier …

Ort
Dunkle Haus- oder Scheunenwand ohne Fenster

Tipp
Mit etwas Übung klappt das Spiel. Es macht Spaß, auch wenn die Bilder nicht exakt gelingen.

Eisschlauch

30   ab 2 Spieler

Auf einer Eisfläche wird ein kleiner Parcours aufgebaut bzw. eingeritzt. Es soll eine Strecke mit leichten Hindernissen, Kurven, Windungen und kleinen Brücken sein. Die Spieler pusten einen Kronkorken durch ihren Schlauch den Parcours entlang. Wem das gelingt, ohne dass sein Kronkorken die markierte Strecke verlässt, der wird mit Ruhm und Ehre belohnt.

Material
Für jeden Spieler 1 Schlauch-stück (ca. 1,20 m lang), einige Kronkorken

Ort
Sichere, stabile Eisfläche

ab 4 Spieler | 10

Material

Gelber Tennisball, 2 Eimer oder große Dosen

Ort

Freie, verschneite Fläche

Schneerugby

Zwei Teams werden gebildet. Sie sollten deutlich unterschieden werden können, z.B. durch Mützen oder Schals. Auf einem abgesteckten, tief verschneiten Feld wird pro Gruppe mit einem kleinen Eimer, einer großen Dose oder einem Loch im Schnee ein Zielpunkt markiert. Ein – möglichst leuchtend gelber – Tennisball wird von der Spielleitung in die Mitte des Spielfelds geworfen und alle stürzen sich darauf. Durch gegenseitiges Zuwerfen des Balles sollen die Gruppen versuchen den Ball jeweils zu ihrem Zielpunkt zu bekommen. Dabei sollten alle selbst diszipliniert darauf achten, dass fair und rücksichtsvoll um die kleine Kugel gekämpft wird! Liegt der Ball im Ziel, gibt es dafür einen Punkt und die Spielleitung wirft den Ball erneut ins Feld. Nach einer vereinbarten Zeit (ca. 10 Min.) endet das Spiel.

ab 2 Spieler | 15

Kein Material nötig

Ort

Freie, tief verschneite Fläche

Pi

Die bekannte Kreiszahl aus der Mathematik gibt diesem Spiel den Namen. Ein Spieler steht auf einem großen, freien Schneefeld und schließt die Augen. Von seinem Standort aus soll er im tiefen Schnee einen Kreis von etwa 5 m Durchmesser in den Schnee stapfen. Wenn der „Pi-Spieler" meint, den Kreis vollständig in den Schnee getreten zu haben, teilt er das den anderen mit. Er öffnet die Augen und prüft seinen Kreis. Nach ihm kann es ein anderer Spieler versuchen.

Gipfelsturm

45   ab 3 Spieler

Zunächst wird ein hoher Berg aus Schnee auf-
geschüttet und festgeklopft. Einer der Spieler
soll als Berggeist diesen Berg behüten. Alle
Spieler benötigen ein kleines Fähnchen. Sie
versuchen nun den Berg zu erklimmen und
ihr Fähnchen auf den Gipfel zu setzen.
Der Berggeist soll das verhindern. Sobald
er jemanden berührt, erstarrt diese
Person und bleibt so stehen. Wenn
der Berggeist alle zu Eis verwan-
delt hat oder aber niemand
mehr ein Fähnchen hat,
endet das Spiel und eine
neue Runde kann beginnen.

Material

*Für jeden Spieler 1 kleines
Fähnchen*

Ort

Freie, beschneite Fläche

Spurensuche

30–45   ab 2 Spieler

Im Schnee sind Spuren gut erkennbar. Die Spieler forschen in der Umge-
bung nach verschiedenen Spuren und beraten, von wem sie stammen.
Ein paar heimische Spuren könnten sein: Maus, Feldhase, Wiesel,
Reh, Hirsch, Fasan, Eichhörnchen, Hund, Mensch, Schneemensch Yeti,
Wolpertinger …

Material

*Warme Kleidung und viel Schnee;
Variante: eine Fußform aus ausgesägten Holzbrettern mit Griff*

Überall durchführbar

Variante

Einer wird zum Schneemenschen Yeti, bekommt etwas Vor-
sprung und legt eine Spur mit dem großen ausgesägten Holzfuß.
Dabei dürfen auch Fehlspuren gelegt werden (abbiegen und rückwärts in
der Spur zurück). Nach 15 Min. folgen die anderen Spieler und versuchen
den Yeti zu erwischen.

ab 1 Spieler **60**

Hosenträger für die Schneemenschen

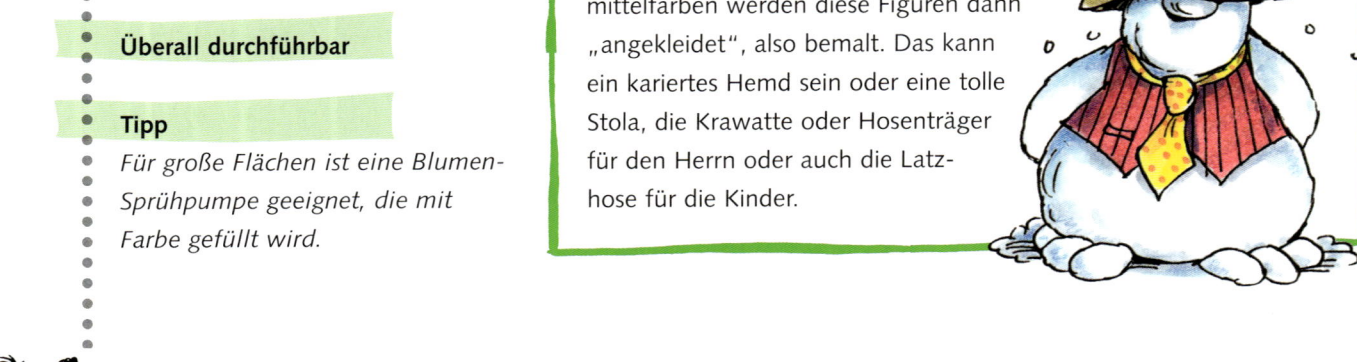

Die Spieler bauen lustige Schneefiguren: Männer, Frauen und Kinder. Mit Lebensmittelfarben werden diese Figuren dann „angekleidet", also bemalt. Das kann ein kariertes Hemd sein oder eine tolle Stola, die Krawatte oder Hosenträger für den Herrn oder auch die Latzhose für die Kinder.

Material

Warme Kleidung und viel gut haftender Schnee, Lebensmittelfarben, Blumen-Sprühpumpen, Pinsel

Überall durchführbar

Tipp

Für große Flächen ist eine Blumen-Sprühpumpe geeignet, die mit Farbe gefüllt wird.

ab 2 Spieler **30**

Schneeballballern

In den Schnee wird ein etwas verschlungener Weg gekratzt oder auf andere Weise markiert. Von einem Startpunkt aus versuchen die Spieler der Reihe nach den Ball mit Schneebällen so zu treffen, dass er die markierte Strecke entlang ins Ziel rollt, ohne den Weg zu verlassen. Geschieht das doch, kommt sofort ein anderer Spieler an die Reihe. Vorher wird an der Stelle, an welcher der Ball den Weg verließ, eine Markierung angebracht. Dort startet der Fehlwerfer in der nächsten Runde. Jeder Spieler darf so viele Schneebälle verwenden, wie er möchte. Die anderen Spieler zählen die Würfe mit. Es gewinnt derjenige, der am wenigsten Schneebälle brauchte. Jedes Verlassen der Bahn wird mit zwei Strafbällen geahndet, die zum Schluss zur tatsächlichen Schneeballzahl dazugezählt werden.

Material

Leichter Plastikfußball

Ort

Beschneite Fläche auf einem Platz oder einer Wiese

Variante

Ein großes Ziel wird in den Schnee gekratzt oder mit Stöcken, Steinen und Schals gekennzeichnet. Etwa 5 m davon entfernt wird eine Startlinie in den Schnee gemalt. Von dort aus versuchen die Spieler der Reihe nach, den Plastikball mit gezielten Schneeballwürfen in das Ziel zu treiben.

Spiele bei Dämmerung und in der Nacht

Wenn die Dunkelheit den Tag vertreibt, wird es beim Spielen so richtig aufregend.

ab 6 Spieler

8

Lichtquartett

Ein großes Spielgebiet wird vereinbart. Jeder Spieler bekommt einen kleinen Gegenstand. Niemand darf verraten, was er erhalten hat. Dann verteilen sich alle weitläufig auf der Spielfläche. Ein Signal eröffnet das Spiel. Während des Spiels darf nicht gesprochen, gerufen oder gepfiffen werden. Die Spieler sollen sich anhand ihrer Gegenstände zu Gruppen zusammenfinden. Dabei darf die Kerze oder Taschenlampe vor den Gegenstand gehalten werden, um ihn anzuleuchten. Gewonnen hat die Gruppe, die sich zuerst komplett an einem Ort zusammengefunden hat.

Material
Kerze oder Taschenlampe für jeden, 4 verschiedene kleine Dinge aus der Natur, um die Gruppe zu kennzeichnen, z.B. Tannenzapfen, Rindenstücke, Blätter, Steine. Von jedem Gegenstand sollten so viele vorhanden sein, dass jeder Spieler einen erhält und 4 gleich starke Gruppen entstehen.

Ort
Waldrand, Wiese, aber auch überall

Tipp
Dieses Spiel ist auch zur Gruppenbildung für andere Spiele geeignet.

ab 3 Spieler

8

Du stehst daneben

Im Dunkeln werden versteckte Dinge leicht übersehen, weil sie sich nicht vom Hintergrund abheben. Ein Startspieler versteckt innerhalb des vereinbarten Gebietes einen dunklen Gegenstand. Wenn der Spieler wieder zurück ist, darf gesucht werden. Wer das Versteck zuerst entdeckt, darf als Nächster einen Gegenstand verstecken.

Material
Ein ziemlich dunkler Gegenstand (dicker Stock, Hut, Ziegelstein)

Überall durchführbar

Hinweis
Das Gelände sollte frei sein von gefährlichen Vertiefungen, gespannten Drähten und anderen Gefahren.

70

Strahlemann

Eine etwa 10 x 10 m große Spielfläche wird vereinbart. Sie sollte im Dunkeln liegen. Einer der Spieler wird zum Strahlemann und bekommt die Taschenlampe. Bei ausgeschalteter Taschenlampe laufen alle Spieler auf der Spielfläche kreuz und quer. Nach kurzer Zeit ruft der Strahlemann laut: „Der Strahlemann, der strahlt dich an." Sofort bleiben alle stehen. Der Strahlemann knipst die Lampe an, darf sie aber jetzt nicht mehr bewegen. Wenn der Strahl direkt einen der Mitspieler trifft, wird der angeleuchtete Spieler der nächste Strahlemann. Andernfalls muss es der alte Strahlemann in einer neuen Runde noch einmal versuchen.

Material

Taschenlampe

Überall durchführbar

Luchsjagd

Ein Gebiet wird abgesteckt, alle Spieler müssen die Begrenzungen kennen. Zwei Spieler werden als Luchse ausgewählt. Sie bekommen kleine Taschenlampen und 10 Min. Zeit, um sich im begrenzten Gebiet zu verstecken. Nach 10 Min. lassen die zwei Luchse ihre Taschenlampen von ihren Verstecken aus in Richtung des Starts kurz aufleuchten. Dann dürfen sie ihren Standort wechseln. Ab jetzt geben die Luchse etwa alle 3 Min. ein kurzes Lichtzeichen und dürfen dann an anderer Stelle unterschlüpfen. Die Spieler versuchen als Jäger die beiden Luchse innerhalb einer vereinbarten Zeit zu entdecken. Sobald jemand einen Luchs entdeckt und ihn fast berühren kann, ist der Luchs gefangen und muss die Lampe abgeben. Wurden beide Luchse gefangen, endet das Spiel. Wurde ein Luchs nicht entdeckt, so hat dieser gewonnen.

Material

2 kleine Taschenlampen

Ort

Wald, Waldrand, Feld, Wiese

Tipp

Der Spielleiter achtet darauf, dass die Spielfeldbegrenzung eindeutig erkennbar ist, die Luchse konsequent Signal geben und jüngere Kinder nur zusammen mit älteren suchen. Ein deutliches Signal für das Spielende ist wichtig.

ab 3 Spieler | **30**

Ort

Ungefährliche und doch abwechslungsreiche Spielfläche

Spiele bei Dämmerung und in der Nacht

Dunkelverstecken

Ein Spieler beginnt als Sucher, stellt sich an das vereinbarte „Mal", z.B. einen Baum, und schließt die Augen. Die anderen Spieler verstecken sich innerhalb der Spielfläche. Nachts erkennen wir vieles nicht so deutlich. Daher genügt es bei diesem Spiel oft schon, sich einfach flach auf den Boden neben eine niedrige Hecke zu legen oder in den Schatten eines Baumes, um unentdeckt zu bleiben. Der Sucher zählt bis 50 und ruft laut, wenn die Suche beginnt. Wie beim bekannten Versteckspiel muss er mit der Hand am Mal anschlagen, wenn er jemanden entdeckt hat, und den Namen des entsprechenden Spielers rufen. Der allerdings kann das verhindern, indem er ebenfalls zum Mal rast, vor dem Sucher mit der Hand anschlägt und „frei" ruft. Dann darf er sich erneut verstecken, während der Sucher zuerst einen anderen Spieler finden muss, bevor er den eben Entdeckten wieder anschlagen darf. Gefundene und korrekt angeschlagene Spieler bleiben beim Mal stehen, bis alle erwischt wurden oder vereinbart wurde neu zu beginnen.

Variante

Gefangene können wie beim herkömmlichen Versteckspiel wieder befreit werden, indem ein anderer Spieler unentdeckt zum Mal rennt und den Namen des Befreiten laut ruft, also z.B.: „Eins, zwei, drei ... (Name des Spielers) ist frei!"

ab 2 Spieler | **15**

Material

1 Teelicht pro Spieler, schwimmfähige Gegenstände mit Standfläche wie z.B. Brettchen, Schiffchen, flache Dose

Ort

Bach

Leuchtschiffchen

Ein „Leuchtschiffchen" ist schnell hergestellt: Mit einem doppelseitigen Klebeband oder einem weich gekauten Kaugummi befestigt man ein Teelicht auf einem schwimmenden Gegenstand. Von einer gut zugänglichen Uferstelle eines Baches setzt man es ins Wasser. Wenn die kleinen leuchtenden Boote davonschwimmen, ist das schön anzusehen und es entsteht eine romantische Stimmung.

Schwarzes Loch

Auf einer Spielfläche werden drei ineinanderliegende Kreise als gemeinsame „Zielscheibe" auf den Boden gemalt oder gekratzt. In etwa 5 m Entfernung stellen sich die Spieler hinter einer Markierung auf. Das Ziel muss sich im Dunkeln befinden. Der Reihe nach wirft jeder die verschiedenen Gegenstände in Richtung Ziel. Dann wird mit der Taschenlampe überprüft, was alles in den Innenkreis, in den mittleren Kreis, in den Außenkreis oder gar nicht im Ziel gelandet ist. Mit Punkten kann ermittelt werden, wer der beste Werfer ist.

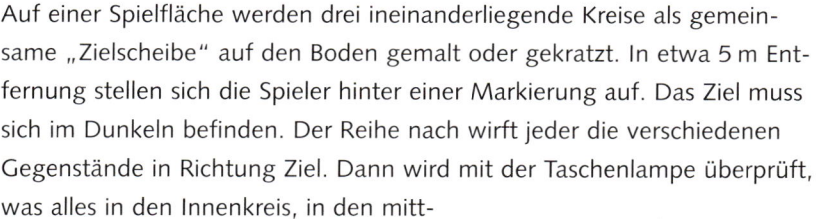

Material

Taschenlampe, verschiedene Gegenstände mit sehr unterschiedlichen Flugeigenschaften (z.B. Steine, Blätter, Seilstück, Rinde, Stock, Büchse, Vogelfedern, leere Kekspackung, Tüte)

Überall durchführbar

Sternschnuppe

Ein Spielgebiet mit einem gemeinsamen Sammelplatz wird vereinbart. Bis auf einen Spieler, den Schlafwandler, verstecken sich alle. Sie haben einen beliebigen Gegenstand dabei, durch den sich ein Geräusch ergibt, wenn er zu Boden fällt. Der Schlafwandler stellt seine Taschenlampe so ein, dass sie einen Lichtkreis erzeugt. Bei ausgeschalteter Taschenlampe sucht er nach den anderen. Gelangt der Schlafwandler in die Nähe eines versteckten Spielers, wirft dieser seinen Gegenstand hoch, sodass er in geringer Entfernung wieder zu Boden fällt. Gelingt es nun dem Schlafwandler mithilfe des Geräuschs, die Lage des Gegenstands richtig einzuschätzen und ihn so anzuleuchten, dass er im Lichtkreis liegt, gilt die Sternschnuppe als entdeckt. Der entdeckte Spieler stellt sich mit seinem Gegenstand zum Sammelplatz.

Material

Taschenlampe, verschiedene schwere Gegenstände (z.B. dicke Holzscheibe, größerer Stein, ein Stück Rinde, Turnschuh o. Ä.)

Ort

Überall, wo es gute Möglichkeiten zum Verstecken gibt

Tipp

Es ist wichtig, genau hinzuhören und präzise zu leuchten. Ein Spielleiter sorgt dafür, dass der Schlafwandler nicht hin und her leuchtet, sondern mit dem Lichtstrahl direkt auf den Gegenstand zielt.

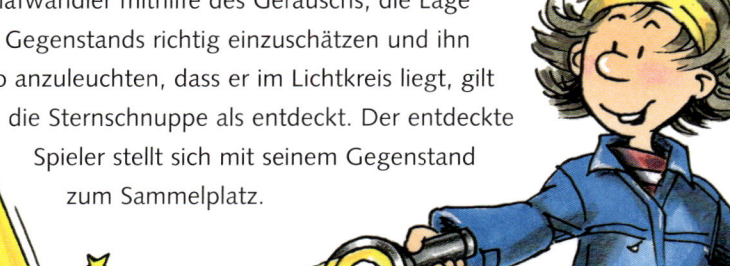

ab 4 Spieler **25**

Wunder im Licht

Zwei Spieler werden Wunderentdecker und verschwinden mit einer Taschenlampe im vereinbarten Spielgebiet. Sie suchen das Gelände nach interessanten Dingen oder Blickwinkeln ab, deren Lage bzw. Standort sie sich merken. Nach etwa 10 Min. kehren die Wunderentdecker zurück. Jeder von ihnen nimmt einige der anderen Spieler mit und führt sie zu einem der Wunder. Ganz kurz leuchten die Wunderentdecker möglichst exakt auf ihr Wunder, sodass es die anderen erkennen können. Die Lampe wird ausgeschaltet und es geht weiter. Wurden alle Wunder im Licht gezeigt, zählen die Spieler gemeinsam auf, welche Wunder ihnen vorgeführt wurden. Dann ziehen zwei andere Spieler mit der Lampe los und suchen neue Wunder.

Beispiele
- der Eingang zu einer Fuchshöhle
- eine zarte Waldmeister-Pflanze
- Tierhaare an einer Baumrinde
- besondere Blüten
- eine Münze auf dem Asphalt

Material
Mehrere Taschenlampen

Überall durchführbar

ab 4 Spieler **20**

Uhu

Gemeinsam wird ein abgegrenztes Spielgebiet mit einem Nest (z.B. ein Baum) vereinbart. Ein Spieler wird Uhu und bekommt die Taschenlampe. Alle anderen verstecken sich im Spielgebiet. Der Uhu ruft sein „Uuhuuh" und macht sich auf die Suche nach Beute. Sobald er etwas rascheln hört oder Beute im Gebüsch erkennt, richtet er die Lampe darauf. Sitzt dort tatsächlich einer der anderen Spieler, muss dieser als Beute ins Nest. Die Lampe darf nicht länger als 5 Sek. angeschaltet bleiben. Sobald alle Mitspieler erwischt wurden, wird ein anderer Spieler Uhu.

Material
Taschenlampe

Ort
Wald, Wald- oder Wegesrand

Genau im Licht

In der Mitte einer vereinbarten, großen Spielfläche wird ein Kreis markiert. Ein Spieler mit Taschenlampe wird der Beleuchter und stellt sich in einiger Entfernung zu den restlichen Spielern auf. Jeder von ihnen hat vor sich einen dicken Holzklotz und einen dünnen Stock. Aufgabe ist es, den eigenen Klotz in den Kreis zu schieben, ohne dabei erwischt zu werden. Der Lichtkegel der Lampe sollte möglichst eng eingestellt sein. Nach dem Startsignal schieben alle vorsichtig ihre Klötze in Richtung Ziel. Der Spieler mit der Taschenlampe versucht, jemanden direkt beim Berühren des Holzklotzes mit dem Stock zu ertappen und gezielt anzuleuchten. Dabei soll der Lichtstrahl die Berührung zeigen. Wer erwischt wird, geht zum Beleuchter und wartet dort still auf das Spielende. Konnte der Lichtstrahl keine Berührung erkennbar machen, wird das Licht wieder ausgeschaltet. Die bislang noch nicht erwischten Spieler versuchen weiter, die Aufgabe zu lösen. Sobald es einer schafft, seinen Klotz ins Ziel zu schieben, endet das Spiel und dieser Spieler wird nächster Beleuchter.

Material

Ein Holzklotz und ein dünner Stock für jeden, Taschenlampe

Ort

Waldrand, Wiese, aber auch überall

Nachtgeheimnis

Eine eindeutige Strecke mit Start und Ziel, z.B. ein Wegstück, wird vereinbart. Ein einzelner Spieler stellt sich mit geschlossenen Augen an den Start. Die anderen Spieler verteilen sich schnell links und rechts des Weges im Gelände. Sobald das Startsignal ertönt, geht der einzelne Spieler schweigend die vereinbarte Strecke mit geschlossenen Augen entlang. Um ihn abzulenken, können die anderen unterschiedliche Geräusche, Töne und Klänge erzeugen. Wenn der aktive Spieler glaubt, das Ziel erreicht zu haben, ruft er: „Ich bin angekommen", und öffnet die Augen. Die anderen Spieler verlassen ihr Versteck und begeben sich ins Ziel.
Wenn alle, die wollten, einmal die Strecke entlanggelaufen sind, kann man sich zum Schluss über die Erlebnisse und Empfindungen austauschen: Welche Gefühle hatten die Versteckten? Wie war es, allein in der Dunkelheit die Strecke zu laufen? Kam dem Läufer die Strecke besonders kurz oder lang vor? Wie war es, als alle im Ziel zusammenkamen?

Kein Material nötig

Ort

Waldrand, Feldrand, schmale Gasse oder Hinterhof mit guten Möglichkeiten zum Verstecken

Tipp

Da sich manche Menschen in der Dunkelheit fürchten, sollten keine Angst einflößenden Geräusche gemacht werden. Es genügt, stille, naturnahe Klänge zu erzeugen.

75

Rallye zu den Schatten der Nacht

ab 4 Spieler

90

Material

Material zum Markieren der Route (z.B. Stoff- oder Papierstreifen, Fahrradreflektoren, Steine, Holz, Kreide); Leintuch, Teelichter in Gläsern, Schnur, mehrere Taschenlampen, Wunderkerzen, evtl. vorbereitete Aufgabenzettel, Stifte

Ort

Wald, Waldrand, aber auch überall

Tipp

Diese Rallye eignet sich als eindrucksvolle Abschlussaktion einer Kinder- oder Jugendparty, als Programmpunkt einer Ferienfreizeit, eines Vereinsfestes oder auch für mehrere Familien. Zahlreiche in diesem Kapitel beschriebene Spiele können hier eingebaut werden.

Bei der Verwendung von offenem Feuer ist äußerste Vorsicht geboten, insbesondere in trockenen Waldabschnitten. Kleine Taschenlampen sind in so einem Fall die beste Lösung.

Die Spieler müssen mithilfe verschiedener Spuren, aber ohne Licht, den Weg ins Ziel finden und unterwegs Aufgaben lösen. Die Spielleitung oder ein kleines Vorbereitungsteam markiert vor Beginn eine interessante Route. Neben verschiedenen Spuren mit Stofffetzen, Pfeilen, Papierstreifen oder Fahrradreflektoren ist es reizvoll, wenn auch Geräusche die Spieler leiten. Das kann z.B. der Auftrag „Folgt dem Rascheln" sein, ein Klingeln oder der „Käuzchen-Ruf". Der Spielleiter und ein weiterer Spieler übernehmen diese Aufgabe, ohne dass der Rest der Spielgruppe das vorher weiß. Unterwegs richtet das Vorbereitungsteam mehrere Stationen ein. Dort warten Fragen und Aufgaben auf die Mitspieler, die ihnen entweder von der Spielleitung direkt gestellt werden oder auf vorher verteilten Zetteln notiert sind.

Der letzte Wegabschnitt ist mit Teelichtern in Gläsern oder eingeschalteten Taschenlampen markiert. Am Ziel ist eine große Schattenwand aufgebaut, d.h. ein großes, weißes Tuch zwischen zwei Bäume gespannt. Sobald die Gruppen dort eintreffen, wird ein Schattenspiel aufgeführt. Mit den Taschenlampen der Spielleitung bzw. des Vorbereitungsteams wird die Leinwand von der Rückseite her angestrahlt und das Vorbereitungsteam spielt ein erfundenes Stück, z.B. über Waldgeister und Moorgestalten. Mit einem Lichtkreis aus sprühenden Wunderkerzen endet diese atmosphärische Aktion. Auf dem Rückweg sammeln alle die Markierungen und Materialien wieder ein.

Spiele mit den vier Elementen

Feuer, Erde, Wasser und Luft beeinflussen die Natur entscheidend. Sie bieten aber auch faszinierende Möglichkeiten zum Spielen, Erleben und Entdecken.

Erde

Unterwelt

ab 2 Spieler   **30**

Material
Sand, kleines Fähnchen

Ort
Überall, wo es Sand gibt

Alle Spieler bauen eine hohe Sandburg.
Obenauf stecken sie ein Fähnchen, z.B. aus einem Stöckchen mit aufgestecktem Blatt. Ein Spieler schabt nun von unten her mit einer Hand etwas Sand aus der Burg. Das tut auch der nächste Spieler usw. bis jeder Spieler einmal dran war. So wird nach und nach das Bauwerk unterhöhlt. Jeder achtet darauf, dass es nicht bei ihm zusammenbricht. Wer ahnt, dass es beim nächsten Graben zusammenstürzt, gibt das bekannt. Bricht das Bauwerk tatsächlich bei einem Spieler ein, baut dieser ein neues. Hält es nach der Ankündigung noch, muss der Spieler, der falsch geschätzt hat, das nächste Gebäude bauen. Er wartet damit, bis der Berg tatsächlich einstürzt.

Trockenmauer

ab 1 Spieler   **90**

Material
Steine, Erde, Schotter, Sand

Ort
Freier Platz, möglichst mit Südlage, an dem auf Dauer eine Trockenmauer aufgebaut bleiben darf

Als Schutz- und Lebensraum für Kleintiere, Eidechsen und Insekten wird eine Trockenmauer aufgebaut. Sie besteht aus abgebrochenen Felsstücken und Steinen, die ohne künstliche Verbindungsmittel aufgeschichtet werden. Wichtig ist, dass die Steine gut passend aufeinandergelegt werden und die Bauhöhe etwa 80 cm nicht übersteigt, damit die Mauer nicht einstürzt. Die größten Ritzen werden mit etwas Erde, Sand oder auch Lehm gefüllt, es muss aber auch Stellen geben, die frei bleiben. Dort können die Kleintiere Schutz finden. Die Mauer kann auch mit Pfählen abgestützt oder mit lockerem Grobschotter einige Zentimeter angeschüttet werden, damit die Feuchtigkeit gut abfließt.

Variante

Wer will, kann auch eine Kräuterspirale bauen. Ihr tiefster Punkt beginnt im Süden, die Spitze der Spirale zeigt nach Norden. Unten normale Erde, oben etwas Sand oder Kies mit Erde aufschütten. Dann die Spirale mit verschiedenen Kräutern bepflanzen.

Erdbilder

Die Spieler versuchen ein Kalenderfoto oder ein Bild einer einfach strukturierten Landschaft mit Erde, Kieseln, Felsabbruch und Sand nachzubilden. Wem gelingt es am eindrucksvollsten?

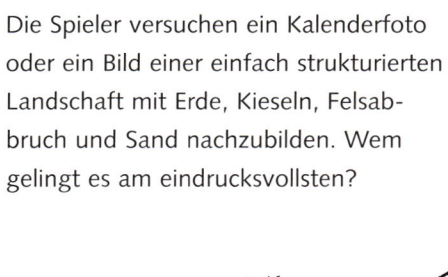
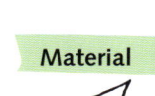

Material

Erde, Sand, Kieselsteine, Felsenabbruch, Kalenderbilder oder Fotos von einfachen Landschaften (z. B. Hügellandschaft, Gebirgspanorama der Alpen, Waldabschnitt mit Weg)

Überall durchführbar

Landschaft im Glas

Zunächst werden in Tüten oder anderen Gefäßen unterschiedliche Steinchen, verschiedenfarbige Erde, Sand oder auch Ton gesammelt. Jeder Spieler schichtet in ein Gurkenglas nach eigenen Vorstellungen die verschiedenen gefundenen Naturböden. Durch die unterschiedliche Beschaffenheit des Materials entstehen interessante Muster oder Landschaften im Glas. Das verschlossene Glas ist eine schöne Dekoration für das Fensterbrett. Wer will, kann den Deckel auch weglassen und obenauf ein Teelicht setzen.

Material

Erde, Steinchen, Sand, Ton, ein Gurkenglas mit Deckel für jeden

Überall durchführbar

Erdpalette

Die Farben der Erde sind vielfältiger als jeder Farbkasten. Die Farbpalette ist fast unendlich. Jeder Spieler versucht, diese Vielfalt der Farben zu entdecken und in Form einer „Erdpalette" sichtbar zu machen. Dazu markiert sich jeder eine große Palette auf dem Boden. Dann suchen alle gleichzeitig die Umgebung gründlich ab und versuchen, möglichst viele unterschiedliche Farbtöne von Erde, Steinen und Sand zu finden. Mit einem Esslöffel oder einer kleinen Schaufel setzt jeder ein Häufchen der einzelnen „Erdfarbproben" auf seine Palette und streicht sie dort glatt. Wer besonders gut die leichten Farbabstufungen erkennt, kann sogar eine Reihenfolge der Farbnuancen auf der Palette anordnen. Am Ende stellt sich heraus, welcher Künstler die meisten Farben gefunden hat.

Material

Erde von unterschiedlichen Orten (Wald, Feldrand, Stadtpark, Ufer, Sandkasten), Esslöffel oder Minischaufel für jeden Spieler

Ort

Wald, Feldrand, Stadtpark, Hügel, Sandkasten, Ufer eines Gewässers

Feuer

Lagerfeuer

ab 1 Spieler **20**

Material
Steine, Erde, Stöcke, Äste, Stroh oder Heu, Zündhölzer

Ort
Feldrand, freies Gelände, freies Fluss-, Bach-, Seeufer

Tipp
Vorsicht ist bei Feuer immer geboten, es sollte stets ein Erwachsener dabei sein. Wenn das Gelände sehr trocken ist, muss auf Feuer verzichtet werden. 100 m Abstand zu Waldgebieten ist Vorschrift! Immer ausreichend Löschwasser bereitstellen!

Kinder sollten mit Feuer umgehen dürfen, brauchen aber auch entsprechende Anleitung und Aufklärung. Sie sollten wissen, dass Wind ein Feuer nicht ausbläst, sondern dass sich Feuer im Wind eher noch weiter und schneller ausbreitet (Wald- und Flächenbrände).

Feuermachen ist seit Menschengedenken eine faszinierende Angelegenheit. Für einige Spiele ist es schön, ein Lagerfeuer zu entzünden. Um ein Feuer anzulegen ist es nicht nur wichtig, dass es brennt, sondern es sollte für den vorgesehenen Zweck möglichst effektiv, aber vor allem auch umweltschonend brennen. Es muss auf gar keinen Fall ein Riesenfeuer sein. Ein kleines ist meistens angenehmer anzusehen und zum Grillen oder Beleuchten besser geeignet.

Feuerstelle Zunächst wird eine geeignete, flache, unbewachsene Stelle gesucht. Sie wird von allem leicht brennbaren Material befreit. Dann wird eine Schicht feuchter Sand, Kies oder flacher Steine aufgebracht. Ein Ring aus starken und größeren Steinen begrenzt die Feuerstelle. Untergestreute feuchte Erde oder Sand kann die empfindliche Grasnarbe vor der Hitze schützen. Eine Feuerwanne aus stabilem Stahl oder Eisen, die auf Steine gestellt wird, eignet sich besonders gut, um Brandschäden zu vermeiden.
Zentrum Ein kleines Zentrum aus leicht entzündlichem Material wie Stroh, Heu und trockenen Ästen wird in der Mitte aufgebaut. Um festzustellen, ob die Äste trocken sind, werden sie gebogen und zerbrochen. Das klappt nur gut, wenn sie keine Feuchtigkeit mehr enthalten. Sind Birken in der Nähe, können Stücke der hauchdünnen Innenrinde abgezogen werden. Sie ist eigentlich immer trocken und leicht zu entzünden.
Feueraufbau Um das Zentrum herum legt man kleinere Äste, schließlich dickere und kräftigere. Im 90°-Winkel zur Wetterseite wird ein kleiner Zugang zum innersten Zentrum frei gelassen, um später das Feuer ganz innen entzünden zu können.
Löschen Indem die glühenden Stämme auf der Feuerfläche verteilt und klein gehauen werden, löscht man das Feuer. Dann muss alles mit reichlich Sand oder Erde erstickt und abgedeckt werden. Darauf achten, dass sich keine neue Hitze sammelt und das Feuer erneut zum Ausbruch kommt. Mit Wasser löschen ist am sichersten, allerdings bleiben dann unschöne, verkohlte Stämme übrig, die nur sehr langsam verrotten.

Feuerschatten

30   ab 2 Spieler

Zwischen zwei Bäumen wird ein Leintuch gespannt. Die untergehende, rote Sonne ist die Lichtquelle. Wer sich zwischen Sonne und Leintuch bewegt, wird als Schatten auf dem Tuch für die anderen sichtbar. So entsteht ein atmosphärisches Spiel. Ist die Sonne untergegangen, werden

Fackeln, Öllampen oder Kerzen entzündet, die als Lichtquelle dienen. Beispielsweise in Indonesien haben solche Schattenspiele eine lange Tradition. Durch das Flackern der Flammen entsteht eine eigene Stimmung und Bewegung im Schattenspiel.

Material

Fackeln, Kerzen, Leintuch, Paketschnur, Streichhölzer, Löscheimer

Überall durchführbar

Tipp

Vorsicht: Damit nicht plötzlich die Leinwand Feuer fängt, gut aufpassen und immer Löscheimer bereitstellen.

Glühende Zeichen

20   ab 2 Spieler

Ein Stock wird so lange ins Feuer gehalten, bis dessen Spitze glüht. Mit dieser Glühspitze kann man nachvollziehbare Bewegungen machen. Einer nimmt den Stock und „malt" ein Zeichen in die Luft, das die anderen erraten sollen. Das kann z. B. eine Pflanze, ein Gegenstand oder ein Symbol sein. Wer es erkennt, darf als Nächster mit dem Glühstock malen.

Material

Feuerstelle oder Grill, Stock

Ort

Überall, wo eine Feuerstelle oder Grillen gestattet und möglich ist

Variante

Schwieriger ist es, ganze Wörter in die Luft zu „schreiben".

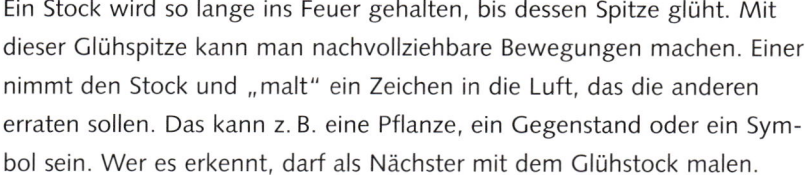

Luft

Naturflieger

ab 1 Spieler 20

Material
Stöckchen, große und kleine
Blätter, Stöcke, geflochtene
Gras- oder Rindenschnur

Überall durchführbar

Die Spieler konstruieren Fluggeräte aus Naturmaterial. Beim Fliegen
kommt es auf das Zusammenspiel von Luftströmung, Schwerkraft und
Auftrieb an. Der Schwerpunkt eines Flugobjektes sollte möglichst weit
vorne liegen, da es keinen Motor gibt, der einen gleich bleibenden Luft-
strom erzeugt, sondern die Strömung einzig durch die Wurf- bzw. Fall-
geschwindigkeit des Fluggerätes entsteht.

Jeder sucht sich Stöcke und Blätter. Die Tragflächen (Blätter)
sollten groß bemessen werden, um ein ruhiges und schönes
Flugverhalten zu erzeugen. Zwei Stöcke werden der Länge nach
mit geflochtener Gras- oder Rindenschnur zusammengebunden.
Großflächige Blätter werden jetzt zwischen den Längsrumpf aus Holz
gesteckt und erste Flugversuche gemacht. Der Schwerpunkt kann durch
kleine Steinchen oder angebundene Äste verändert werden.
Wer konstruiert das Fluggerät mit den tollsten Flugeigenschaften?

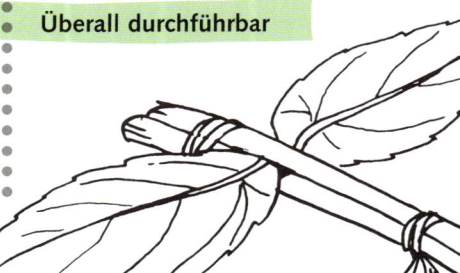

ab 1 Spieler 10

Material
Handbohrer, lange Gräser
oder Schilf

Überall durchführbar

Wurfkastanien

In eine Kastanie wird mit dem Handbohrer ein etwa 1 cm tiefes Loch gebohrt. Dann wird ein Büschel langes Gras oder auch Schilf an einem Ende
so fest zusammengedrückt, dass es mit einer leichten Drehung in das Loch
gepresst werden kann. Jetzt kann die Wurfkastanie an ihrem Schweif durch
die Luft geworfen werden. Für einen kleinen Flugwettbewerb werden auf
einer Spielfläche Stationen aufgebaut, die verschiedene Anforderungen an
das Fluggerät und seinen Piloten stellen:
• Ein Ring aus Blättern am Boden mit etwa 1 m Durchmesser:
  Der Naturflieger muss innerhalb dieses Naturflughafens landen.
• Eine etwa 50 cm breite, 1,5 m lange Gasse aus in den Boden gesteckten
  oder längs ausgelegten Stöcken, wie die Landebahn auf dem Flugplatz:
  Das Fluggerät soll zwischen den beiden Stöcken zum Stillstand kommen.
• Eine Mulde im Boden: Der Grund der Vertiefung ist das Ziel.
• Ein großes, herabhängendes Blatt soll getroffen werden.
• Ein an einem Ast aufgehängter Ring aus biegsamen und mit Rinden-
  schnur zusammengehaltenen Ästen soll durchflogen werden.

Luftschlange

Ein langes Stoffband wird ausgebreitet. Ein Spieler greift das Band am schmalen Ende und bewegt es mehrmals hintereinander auf und nieder, sodass möglichst viele Wellen entstehen, die bis ans andere Ende rollen sollen. Bei mehreren Spielern kann ein Wettstreit entstehen, wer die meisten Wellen schafft.

Material

Etwa 5–10 m langes Stoffband

Ort

Überall, wo Wind und viel Platz zum Laufen ist

Variante 1

Das Stoffband soll so bewegt werden, dass es ständig in der Luft bleibt, ohne den Boden zu berühren. Wie lange geht das?

Variante 2

Mehrere Spieler können sich unter das Stoffband stellen und sich über die Spielfläche bewegen. Dabei halten sie mit ihren Händen das Band ständig über ihren Köpfen. Es soll nur auf den Handflächen aufliegen und nicht festgehalten werden. Wie lange bleibt das Tuch über den Köpfen?

Bunte Perlen im Wind

Zunächst wird die Flüssigkeit für Seifenblasen hergestellt. Aus einem Stück Draht biegt sich jeder eine beliebige, aber geschlossene Form und umwickelt den Draht ganz eng mit etwas Mullbinde oder einem dickeren Wollfaden. Den Draht an einem Stock befestigen und die Seifenlauge in ein flaches Gefäß geben. Dort tauchen alle ihre Drahtgebilde ein und ziehen sie vorsichtig heraus. Manchmal entstehen dabei schon Seifenblasen, man kann auch pusten oder auf Wind warten.

Material

Je nach Rezept Zutaten für die Seifenlauge, Schweißdraht, Mullbinde oder Wolle, Textilklebeband, Stöcke, flaches Gefäß (Schüssel, sehr großer Topfdeckel)

Überall durchführbar

Rezepte für Seifenblasen

A   3 Essl. Spülmittel in 1 l Wasser rühren.

B   0,1 l Tapetenkleister anrühren. 50 g Zucker und 75 g Schmierseife mit 0,9 l Wasser zusammen aufkochen und dann erkalten lassen. Den Kleister dazugeben und alles gut verrühren.

Wasser

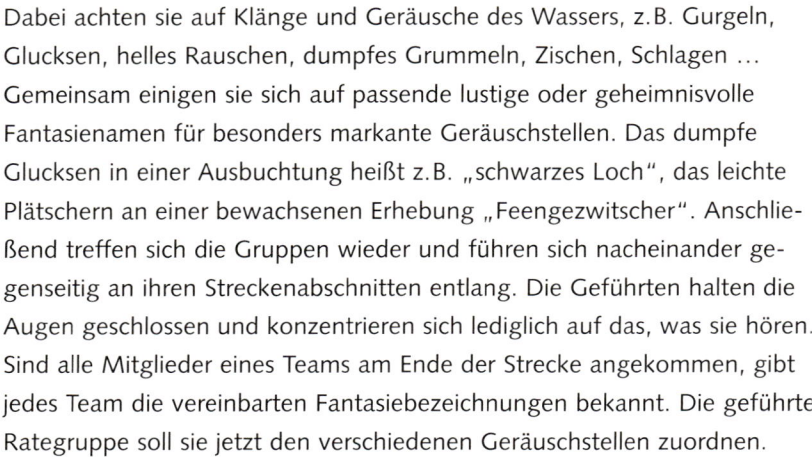

Play Bach

ab 4 Spieler | **30**

Kein Material nötig

Ort

Bach- oder Flussufer mit unterschiedlicher Beschaffenheit (kleine Buchten, im Wasser liegende Zweige, Steine oder Felsen im Wasser, verschiedene Strömungen oder kleine Stufen)

Tipp

Zur Sicherheit sollte stets jemand mit einem „blinden" Spieler mitgehen. Wer sich unsicher fühlt, kann aber auch kurz die Augen öffnen, um sich die nötige Sicherheit zu verschaffen.

Es bilden sich zwei Kleingruppen. Die Teams erforschen jeweils für sich einen bestimmten Abschnitt des Bachlaufs. Dabei achten sie auf Klänge und Geräusche des Wassers, z.B. Gurgeln, Glucksen, helles Rauschen, dumpfes Grummeln, Zischen, Schlagen … Gemeinsam einigen sie sich auf passende lustige oder geheimnisvolle Fantasienamen für besonders markante Geräuschstellen. Das dumpfe Glucksen in einer Ausbuchtung heißt z.B. „schwarzes Loch", das leichte Plätschern an einer bewachsenen Erhebung „Feengezwitscher". Anschließend treffen sich die Gruppen wieder und führen sich nacheinander gegenseitig an ihren Streckenabschnitten entlang. Die Geführten halten die Augen geschlossen und konzentrieren sich lediglich auf das, was sie hören. Sind alle Mitglieder eines Teams am Ende der Strecke angekommen, gibt jedes Team die vereinbarten Fantasiebezeichnungen bekannt. Die geführte Rategruppe soll sie jetzt den verschiedenen Geräuschstellen zuordnen.

Variante

Die Rategruppe bekommt die Namen der Geräuschstellen genannt und soll die passende Stelle im Fluss oder am Bach selbst finden.

Wasserfühlen

ab 3 Spieler | **20**

Kein Material nötig

Ort

Bach-, Fluss- oder Seeufer

Tipp

Nichtschwimmer sollten sich nur nahe am Ufer aufhalten.

An einer günstigen, flachen Stelle am Ufer ziehen alle ihre Schuhe und Strümpfe aus. Die Hosen werden hochgekrempelt und schon geht es vorsichtig ins kühle Nass. Jeder versucht mit den Händen Wirbel, Strömungen und Wellen zu erzeugen, sodass sich das Wasser deutlich unterschiedlich anfühlt. Dazu können die Hände flach aufgesetzt, gezogen, gedrückt, gedreht oder untergetaucht werden. Sicher lassen sich auch Temperaturunterschiede auf oder unter dem Wasser feststellen. Nach einigen Versuchen stellen sich die Spieler gegenseitig ihre „Techniken" vor. Sie können sich auch über ihre Empfindungen austauschen: Was war das angenehmste Gefühl? Wie war das Wasser in einem Strudel und wie im ruhig fließenden Zustand? …

Spiele für alle Sinne

Diese Spiele regen dazu an, die Natur mit allen Sinnen zu erfahren. Sie ermöglichen ein ganzheitliches Erleben. Neben Sehen, Hören, Fühlen, Riechen und Schmecken gibt es Spiele zum Gleichgewichts-, Raum- Kraft- und Zeitempfinden oder zum Bewegungs- und Tiefensinn.

Sehen

Adlerauge

ab 2 Spieler · **10**

Material
Evtl. vorbereitete Liste mit notierten Gegenständen

Überall durchführbar

Tipp
Beim Sammeln der Fundstücke sollte man darauf achten, dass nichts zerstört wird.

Die Spielleitung nennt eine Reihe von Dingen, die innerhalb der nächsten 10 Min. zu sammeln sind. Nach 10 Min. kommen alle zusammen und zeigen ihre Fundstücke. Wem ist es gelungen, alles zu ergattern?

Beispiele für Suchvorgaben
Ein bemoostes Rindenstück, eine Feder, ein Knochen, ein Schneckenhaus, eine Frucht, Tierhaare, eine Blüte, eine Eierschale. Oder Dinge mit besonderen Eigenschaften, z.B. essbar, kuschelig, wohlriechend, feucht, muffig, glänzend, weiß, blau, schwarz, warm, kalt, spitz, rund, unnatürlich.

Variante
Eine andere Vorgabe kann sein, Gegenstände aus Metall, Papier oder anderen Materialien zu sammeln. Handelt es sich bei dem Sammelgut um Abfall, ist ein kleines Fleckchen Erde davon befreit worden.

Gut getarnt

ab 2 Spieler · **30**

Material
Verschiedene Naturgegenstände wie Aststückchen, auffällige Blätter, Muscheln, Steine, Rindenstücke, Federn, verlassene Schneckenhäuser …

Überall durchführbar

Jeder Spieler sammelt für sich fünf markante Naturgegenstände, ohne sie jedoch den anderen zu zeigen. Dann markiert jeder für sich ein Spielgebiet und versteckt dort die Fundstücke so, dass sie einerseits – würde darauf hingewiesen – deutlich zu erkennen sind, andererseits aber möglichst angepasst an die Umgebung wirken. Alle Spieler versuchen dann die versteckten Gegenstände der anderen im Gelände zu entdecken.

Beispiele für Verstecke
- Eine rote Blüte in einem Strauch mit roten Beeren.
- Ein Stein auf einem Ast.
- Eine Eichel in einer Buche.

Das war doch ganz anders

Es werden zwei Kleingruppen gebildet. Jede Gruppe steckt für sich ein etwa 5 x 5 m großes Gebiet im Wald, auf dem Hinterhof oder auch im Stadtpark ab. Dann treffen sich die Teams an einem Spielort. Alle betrachten die eingegrenzte Fläche ausgiebig und merken sich Details der Beschaffenheit, der Lage von Dingen oder auch den Lichteinfall und die Häufigkeit vorkommender Gegenstände. Dann wendet sich eine Gruppe ab, während die andere innerhalb der Spielfläche zehn Dinge verändert. Die Rategruppe soll herausfinden, was innerhalb des Spielgebietes umgestellt, hinzugefügt oder weggenommen wurde. Wurde alles entdeckt, wechseln die Gruppen.

Kein Material nötig

Ort
Wald, aber auch überall

An der Hand erkannt

Ein Startspieler wird ausgewählt. Er dreht sich von den restlichen Spielern weg. Die laufen etwas weiter in den Wald und jeder versteckt sich hinter einem dicken Baum. Mit beiden Armen umfasst jeder so den Stamm, dass nur noch die Hände des Spielers zu sehen sind. Der Rater soll jetzt aus etwa 10 m Distanz an den Händen erkennen, welcher Spieler hinter welchem Baum steht.

Kein Material nötig

Ort
Wald mit dicht stehenden, glattstämmigen Bäumen

Variante
Alle Spieler stehen gemeinsam hinter einem dicken Baum und strecken in verschiedener Höhe eine Hand zur Seite.

Tasten und Fühlen

Fühle, was ich sehe

ab 2 Spieler **15**

Kein Material nötig

Überall durchführbar

Tipp

Damit das Spiel auch klappt, müssen die Spieler darauf achten, dass sie deutlich und langsam mit ihrem Finger auf die Rücken malen und keine zu schwierigen Dinge auswählen.

An einem schönen Plätzchen legt sich ein Spieler gemütlich auf den Bauch. Ein anderer malt mit dem Finger auf den Rücken der liegenden Person, was er gerade sieht. Der Spieler am Boden versucht zu erraten, um was es sich handelt. Ältere Spieler können auch Buchstaben „schreiben".

Variante

Viel Spaß macht das Spiel mit mehreren Spielern. Alle liegen nebeneinander, der erste bekommt ein Wort oder ein Symbol auf den Rücken gemalt. Dann steht er auf und überträgt es mit dem Finger auf den Rücken des nächsten Spielers. Danach erfährt es der dritte über seine empfindsame Rückseite usw. Der letzte Spieler sagt dann, worum es ging. Oft kommt etwas ganz anderes heraus, als das, was zuerst aufgemalt oder -geschrieben wurde.

Gut gefühlt ist halb erraten

ab 2 Spieler **20**

Material

Gesammelte Naturgegenstände

Überall durchführbar

Jeder Spieler sammelt etwa 15 verschiedene Naturgegenstände, z. B. Blüten, Steinchen, Tierhaare usw., hält diese aber vor den anderen verborgen. Es bilden sich Paare. Einer von beiden schließt die Augen und bekommt vom Partner einen Gegenstand gereicht. Durch Ertasten soll er herausfinden und benennen, um was es sich handelt. Nach jedem Gegenstand werden die Rollen getauscht. Schwieriger wird es, wenn man mehrere Gegenstände hintereinander erfühlen muss und erst am Schluss benennt.

Über Stock und Steinchen

An einer Stelle mit möglichst vielfältiger Bodenbeschaffenheit (Moos, Wurzeln, Erde, Äste, Feuchtigkeit, Wasser, Gras, Feinkies) zieht ein Spieler Schuhe und Strümpfe aus, schließt die Augen und wird vorsichtig von einem anderen über die Untergründe geführt, die er intensiv mit den Zehen, dem Fußballen und der Ferse spüren kann. Nach einer Weile wird er zum Ausgangspunkt zurückgebracht und soll den gleichen Weg noch einmal sehend entlangspazieren. Findet der Spieler die Strecke heraus?

20   ab 3 Spieler

Kein Material nötig

Ort
Wald oder Wegrand mit unterschiedlicher Bodenbeschaffenheit

Tipp
Der „blinde" Spieler ist sorgsam zu führen. Ist er sich unsicher, kann er die Augen öffnen. Dabei geht aber etwas vom Spielreiz verloren.

Kistenmoos und Schüsselwiese

Eine etwa 10 bis 20 m lange Laufstrecke aus Pappkartons und Schüsseln wird vorbereitet. Diese Behälter sind mit unterschiedlichen Naturmaterialien wie Rindenstücke, Holzwolle, Erde, Moos, glatten Kieselsteinen, Split, Gras, Heu, Stroh, Schlamm, Wasser usw. gefüllt. Die Mitspieler sollten diese Strecke nach Möglichkeit vorher nicht sehen oder kennen. Der Reihe nach werden die Spieler mit geschlossenen Augen und barfuß über die Strecke geleitet. Wenn alle die Strecke durchlaufen haben, kann ein Austausch über die Gefühle während dieser Aktion stattfinden.

20   ab 3 Spieler

Material
Niedrige Pappkartons, verschiedenartige Naturmaterialien, evtl. flache Schüsseln, Handtücher oder Küchenpapier

Ort
Überall, auch im Raum oder auf Asphalt

Tipp
Um die Füße zu reinigen, kann man eine Waschschüssel und Handtücher bereithalten.

Hören

Hörschätze

Material

Papier, Stift

Ort

*Überall, wo unterschiedliche Hör-
erfahrungen möglich sind*

Jeder Spieler bekommt Papier und Stift. In einem vereinbarten Spielgebiet geht er umher und lässt sich nach einer Weile an einem frei gewählten Ort nieder. Konzentriert und mit geschlossenen Augen sollen nun die vielfältigen Geräusche der Umgebung wahrgenommen werden. Nach einer Weile gilt es, die Geräusche auch in ihrer Entfernung und Richtung zum eigenen Platz einzuordnen. Ein paar Minuten später zeichnet jeder Spieler mit offenen Augen die entdeckten „Hörschätze" mit selbst erfundenen Symbolen und Zeichen wie in einen Schatzplan auf dem Papier ein. Dann werden die Pläne ausgetauscht und jeder kann versuchen, die Geräusche eines anderen Spielers zu orten.

Wer hören kann, kommt nah heran

ab 3 Spieler

10

Material

*Schwerer Stein, Holzpflock oder
Rindenstück, evtl. Tücher als
Augenbinden*

Ort

Wald, aber auch überall

Tipp

*Um die Gefahr des ungewollten
„Blinzelns" zu bannen, können
Augenbinden verwendet werden.
Der Gegenstand sollte nicht zu
schwer sein. Damit er nicht springt
und evtl. jemanden verletzt, ist es
wichtig ihn senkrecht aus Hüfthöhe fallen zu lassen.*

Mit geschlossenen Augen stellen sich die Spieler in lockerer Ansammlung auf. Einer von ihnen entfernt sich lautlos von der Gruppe und lässt dann ein etwa 500 g schweres Gewicht zu Boden fallen. Die Spieler nähern sich lautlos und nach wie vor mit geschlossenen Augen dem Gegenstand und bleiben stehen, wenn sie meinen, etwa 0,5 m von ihm entfernt zu sein. Stehen alle, dürfen sie die Augen wieder öffnen. Wer die geringste Entfernung zum Gewicht hat, darf als Nächster den Brocken fallen lassen.

Variante

Die Spieler sollen sich von der Aktionsfläche abwenden und sich rückwärts, mit geschlossenen Augen dem Gewicht annähern, bis sie etwa 0,5 m davon entfernt stehen bleiben.

Horch, was war das?

Es werden zwei Kleingruppen gebildet. Jede Gruppe entwickelt geheim für sich fünf verschiedene Geräusche, Töne oder Klänge, die mit Natur-materialien erzeugt werden. Nach etwa 5 Min. treffen sich die beiden Teams. Die Spieler einer Gruppe schließen die Augen und hören der Reihe nach die fünf Klänge der anderen Gruppe. Die verwendeten Materialien werden versteckt, bevor die Rategruppe die Augen wieder öffnet. Diese Gruppe soll nun die eben gehörten Klänge mög-lichst exakt nachspielen. Dazu dürfen sich die Spieler entsprechende Dinge in der Umge-bung suchen. Danach ist das andere Team an der Reihe.

Material
Geräusche erzeugende Naturgegen-stände und -materialien (Sand, Tannenzapfen, Steinchen, Gras, Rinde usw.)

Überall durchführbar

Tipp
Töne und Geräusche sollten nicht zu kompliziert erzeugt werden, damit sie nachahmbar bleiben.

Variante
Es werden auch „unnatürliche" Gegenstände aus der Umgebung verwendet.

Beispiele
- Mit einem Stöckchen durch eine Pfütze streifen.
- Ein Stück Rinde in der Hand zerbröseln.
- Tannenzapfen aneinanderreiben.
- Sand ins Wasser rieseln lassen.
- Eine Getränkedose mit etwas befüllen.
- Mit einem Stück Alufolie knistern.
- Steine aufeinanderlegen.
- Gras abreißen.

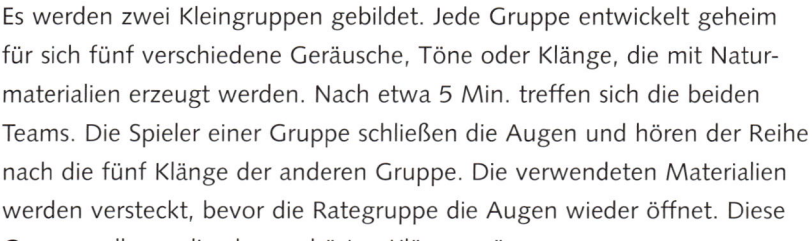

Hörreihe

Jemand wird zum Spielleiter ernannt. Ein anderer Spieler schließt die Augen oder wendet sich ab. Die restlichen Mitspieler erzeugen mit ver-schiedenen Gegenständen der Reihe nach jeweils ein Geräusch. Diese Reihenfolge notiert der Spielleiter mit. Dann legen alle Spieler die ver-wendeten Gegenstände vor sich ab und legen zur Verwirrung noch zwei oder drei nicht verwendete dazu. Der bisher abgewandte Spieler soll nun herausfinden, welche Gegenstände verwendet wurden und sie zudem in der richtigen Reihenfolge benennen. Zur Erleichterung kann er sie in einer Reihe auslegen. Dann kann ein anderer Spieler versuchen, eine neue Hörreihe richtig zu erraten.

Material
Verschiedene Naturgegenstände

Überall durchführbar

Riechen

Was riecht denn da?

ab 4 Spieler   20

Es werden Paare gebildet. Ein Spieler schließt die Augen und wird von seinem Partner zu einem ausgesuchten Objekt geführt. Dort soll er anhand des Geruches erraten, was es ist. Das kann eine Blüte oder ein modriges Stück Holz, ein alter Autoreifen, der Abfallkorb an der Bushaltestelle oder auch ein Beutel Tee sein. Sobald das Objekt erraten wurde, werden die Rollen getauscht.

Kein Material nötig

Ort

Überall, wo es Dinge gibt, die gerochen werden können.

Variante

Verschiedene riechende Dinge, Gewürze oder auch ätherische Öle werden in Stoffsäckchen gefüllt. Es muss herausgefunden werden, was im Säckchen ist.

Tipp

Wer führt, sollte dem „blinden" Spieler Sicherheit vermitteln. Wird ein Spieler unsicher, kann er jederzeit die Augen öffnen. Dadurch fällt aber die Sinneserfahrung weniger intensiv aus.

In der Nase liegt die Würze

ab 3 Spieler   30

Auf einem Tisch oder Tablett stehen zehn gleich aussehende Gewürzdöschen. Zuerst dürfen alle Spieler die Gewürze einmal riechen. Dabei werden auch die Bezeichnungen der Düfte genannt. Nun zieht ein Spieler einen Zettel mit einer darauf notierten Gewürzreihenfolge. Diese Reihenfolge muss er blind zusammenstellen. Er schließt die Augen und die anderen Spieler verändern noch einmal die Reihenfolge der Döschen. Der „blinde" Spieler öffnet die Dosen, riecht nach und nach an den Düften und ordnet sie dann, wie es die Vorgabe verlangt. Sobald er meint, die Aufgabe gelöst zu haben, öffnet er die Augen und das Ergebnis kann überprüft werden.

Material

Kleine Gefäße (z.B. Filmdöschen) mit verschiedenen Gewürzen z.B. Zimt, Kardamom, Zucker, Zitronat und Vanille; Zettel, auf denen die Gewürze in unterschiedlicher Reihenfolge notiert sind

Überall durchführbar

Schnuppory

Wie der Titel schon andeutet, handelt es sich bei „Schnuppory" um ein Geruchs-Merkspiel, ähnlich dem bekannten „Memory®". Kleine, möglichst exakt gleich ausgeschnittene Stoffstückchen werden jeweils paarweise mit unterschiedlichen ätherischen Ölen oder natürlichen Flüssigkeiten (z. B. Zitronen- oder Kirschsaft) getränkt. 10 bis 14 Duftpaare werden gemischt und in gleichmäßigen Reihen ausgelegt. Einer beginnt, nimmt sich einen Stoff, schnuppert daran und holt sich ein zweites Stück. Ist es der gleiche Duft, dürfen beide Stoffstücke behalten werden, andernfalls werden sie auf ihre Ursprungsplätze zurückgelegt und jemand anders kommt an die Reihe. Wer ein richtiges Duftpaar entdeckt hat, darf einen weiteren Versuch unternehmen, zwei Stoffe nehmen und riechen. Wer am Ende die meisten Geruchspaare gesammelt hat, hat eine gute Nase und ein gutes Gedächtnis!

Material

Stoffreste, ätherische Öle, notfalls Parfüms, duftende Flüssigkeiten

Überall durchführbar

Tipp

Die Stoffstückchen sollten möglichst frisch getränkt sein, damit die Düfte kräftig und deutlich zu unterscheiden sind. In dicht verschließbaren Tütchen oder Boxen lassen sich die Düfte aber auch eine Weile aufbewahren. Bei künstlichen Düften (Parfüms usw.) sollte das vor dem Spiel den Spielern mitgeteilt werden.

Meine Nase sagt mir, das bist du

Die Spieler tun sich paarweise zusammen. Jedes Paar bekommt zwei Stoffstücke, die mit dem gleichen Duft getränkt wurden. Die Paare lösen sich auf und verteilen sich möglichst weit voneinander entfernt auf der Spielfläche und schließen dann die Augen. Die Spielleitung „vermischt" die Spieler noch etwas. Nun schnuppern alle schweigend los, um ihren Duftpartner zu finden. Dabei halten sie die Augen stets geschlossen und tasten sich vorsichtig voran. Stößt ein Spieler an einen anderen oder merkt, dass er neben ihm steht, hält jeder sein Duftläppchen auf Höhe der Nase und lässt den anderen schnuppern. Die Mitspieler sollten wenig berührt werden, damit sie sich nicht an der Kleidung erkennen. Sobald sich ein Paar gefunden hat, öffnen beide die Augen.

Material

So viele Stoffläppchen wie Spieler, sowie für jeweils zwei Mitspieler das gleiche ätherische Öl

Überall durchführbar

Tipp

Wer während des Spiels unsicher wird, darf selbstverständlich kurz die Augen öffnen, um sich Sicherheit zu verschaffen. Dadurch wird allerdings der Spielreiz eingeschränkt, weil man seinen Partner sieht.

Schmecken

Schmeck mal

ab 3 Spieler — 15

Material

Kleine Gefäße mit verschiedenen Häppchen wie Apfelstücke, Gurkenscheiben, Käsewürfel, Kirschen, Brotrinde, Radieschen, Quark, Joghurt usw.

Überall durchführbar

Tipp

Es können auch selten verwendete Lebensmittel angeboten werden, wie Sellerie, Spinat, Avocado oder Kiwi. Nichts anbieten, was unangenehm schmeckt.

Mit geschlossenen Augen erhalten die Spieler der Reihe nach kleine essbare Kostproben. Die Reihenfolge sollte bei jedem Spieler etwas anders sein. Jeder kostet für sich im Stillen und merkt sich die Reihenfolge der Häppchen. Solange noch nicht jeder an der Reihe war, schweigen alle. Am Schluss benennt jeder, was er geschmeckt hat.

Variante

Es werden auch Getränke probiert, wie zum Beispiel verschiedene Säfte, Wasser, Kakao, verschiedene Tees, Milch oder Sirup.

Geschmacksverwirrung

ab 3 Spieler — 15

Material

Verschiedene Getränke, die sich mischen lassen (z.B. Säfte, Buttermilch) mehrere Becher

Überall durchführbar

Fünf Becher werden mit einer Flüssigkeit gefüllt, beispielsweise mit Kirschsaft. Dem ersten Spieler wird das mitgeteilt. Er schließt die Augen, während ein anderer in einen der fünf Becher einen Schuss von einem anderen Getränk gibt, z.B. Orangensaft oder Wasser.
Der Spieler soll herausschmecken, welcher Becher die Mixtur enthält und um welche Flüssigkeit es sich handelt. Nach seinem Tipp erfolgt die Auflösung und der gerade aktive Spieler darf einen der verbliebenen Kirschsaftbecher für den nächsten Spieler präparieren. Ein schon gemischter Becher darf nicht mehr befüllt werden. Ganz nebenbei entstehen vielleicht auch Ideen für leckere Mixgetränke.

Guter Geschmack

Die Spieler bilden Team A und Team B. Jede Gruppe bekommt verschiedene Getränke und Lebensmittel in kleinen Gefäßen oder Tellern, die abgedeckt sind. Beide Teams überprüfen geheim, welche Kostproben sie besitzen. Dann notieren sie eine Reihenfolge ihrer Geschmacksproben als Rateliste und stellen die Gefäße beliebig auf. Ziel des Spiels ist es, dass das gegnerische Team mithilfe einer Beschreibung die Gefäße in der vorgegebenen Reihenfolge anordnet. Wenn beide Teams die Reihenfolge ihrer Kostproben notiert haben, beschreibt ein Spieler von Team A den ersten Geschmack auf der Rateliste. Er vermeidet dabei, die Dinge genau beim Namen zu nennen. Ein Spieler von Team B nimmt eine Kostprobe von irgendeinem Gefäß. Ein weiterer Spieler von Team A umschreibt den nächsten Geschmack und der nächste Gegenspieler kostet wieder nur eine Probe. Sind alle Leckereien probiert worden, verständigen sich die Ratenden darüber, in welche Reihenfolge die Kostproben gebracht werden müssen, damit sie der beschriebenen Reihenfolge entsprechen.

Material

Verschiedene möglichst naturbelassene Lebensmittel, wie z.B. Obst, Nüsse, Honig, Butter usw.; Tassen und Teller, einige Abdecktücher, für jede Gruppe 1 Stift und Papier

Überall durchführbar

Beispiel

Start unserer Geschmacksreihe ist etwas sehr Süßes. Es ist saftig und lässt sich leicht zerdrücken. (Pfirsich)
Die nächste Probe ist weich und schmeckt ein wenig herb. Lässt man sie allerdings eine Weile im Mund, wird sie süßlich. (Brot)

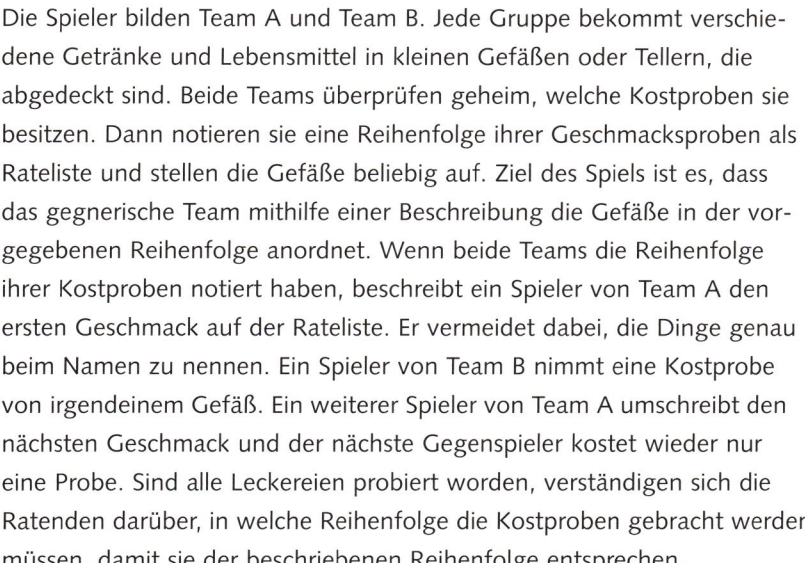

Früchte im Eis

Essbare Fruchtstücke werden auf die Fächer einer Eiswürfelschale verteilt, mit etwas Wasser übergossen und dann eingefroren. Für das Spiel werden die Eisfrüchte bereitgestellt. Mit geschlossenen Augen bekommt jeder Spieler eines der kalten Früchtchen in den Mund. Wer zuerst benennt, um welche Frucht es sich im Eiswürfel handelt, darf die Verteilung der Eiswürfel in der nächsten Runde vornehmen.

Material

Verschiedene Fruchtstücke, Kühlschrank mit Eiswürfelschale

Überall durchführbar

Empfindung von Balance

ab 2 Spieler | **10**

Balanceakt

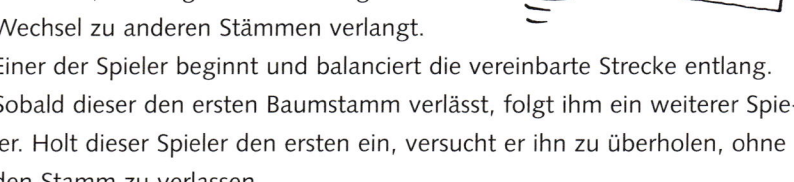

Gemeinsam vereinbaren die Spieler eine Laufstrecke auf herumliegenden Baumstämmen, die möglichst auch einige Wechsel zu anderen Stämmen verlangt.

Einer der Spieler beginnt und balanciert die vereinbarte Strecke entlang. Sobald dieser den ersten Baumstamm verlässt, folgt ihm ein weiterer Spieler. Holt dieser Spieler den ersten ein, versucht er ihn zu überholen, ohne den Stamm zu verlassen.

ab 2 Spieler | **10**

Seilancieren

Ein langes Seil wird leicht gewunden auf dem Boden ausgelegt. In Strümpfen oder barfuss soll nun jeder Spieler auf dem Seil von einem bis zum anderen Ende entlangbalancieren, ohne es zu verlassen oder danebenzutreten.

Variante
Die Spieler sollen mit geschlossenen Augen auf dem Seil das Gleichgewicht halten oder sie werden geführt. Manche Menschen sind mit geschlossenen Augen viel sicherer.

ab 2 Spieler | **15**

Verrückt und aufgetürmt

Jeder Spieler sucht sich einen ungewöhnlichen Gegenstand aus der Natur. Die Teile werden auf einen Haufen gelegt. Ein Spieler soll nun alle Teile aufeinanderstapeln, ohne dass etwas herunterfällt. Die Höhe wird gemessen und schon kann der nächste Spieler versuchen, den Stapel etwas höher aufzuschichten. Die Aufgabe lässt sich auch im Team lösen.

Wackelrinde und Schüttelblatt

Eine abwechslungsreiche Strecke über Stock und Stein wird markiert: einen schmalen Pfad entlang, über einen dicken, quer liegenden Baumstamm hinweg, eine leichte Senke hinunter und über einen Laubhaufen, einen steinigen Pfad, einen sanften Hügel hinauf ins Ziel. Der Reihe nach versucht jeder Spieler diese Strecke zurückzulegen und dabei auf seinem Körper möglichst viele Rindenstücke oder Blätter zu transportieren, ohne diese Naturgegenstände festzuhalten. Alle ins Ziel gebrachten Teile werden als Pluspunkt gezählt.

Material

Rindenstücke, große Blätter

Überall durchführbar

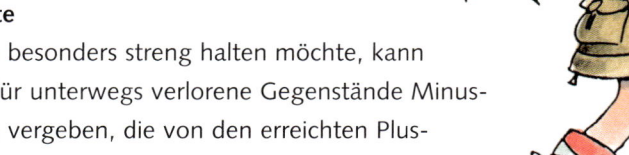

Variante

Wer es besonders streng halten möchte, kann sogar für unterwegs verlorene Gegenstände Minuspunkte vergeben, die von den erreichten Pluspunkten abgezogen werden.

Kopfstock

An einem Ende einer längeren Balancierstrecke wird ein Startpunkt festgelegt. Am anderen Ende kratzt jemand einen etwa 1 m großen Kreis in den Boden. Dann stellen sich alle Spieler am Rand der Balancierstrecke auf, um den balancierenden Spieler zu stützen, falls dieser ins Straucheln gerät. Einem mutigen Startspieler wird der Stock auf den Kopf gelegt. Ohne diesen Ast zu verlieren, soll der Gleichgewichtskünstler nun über die Stämme ins Ziel balancieren. Als Schlussaufgabe soll er mit einem gezielten „Kopfnickwurf" ohne Einsatz der Arme und Hände den Stock so ins Ziel schleudern, dass er innerhalb des markierten Kreises zu liegen kommt. Gleich kann der nächste Spieler starten.

Material

Lange Baumstämme zum Balancieren, ca. 1 m langer Stock

Ort

Überall, wo lange Baumstämme oder andere entsprechende Strecken zum Balancieren einladen. Notfalls reicht auch ein ausgelegtes Tau oder eine Reihe von Dachlatten.

Variante

Besonders geübte und unerschrockene Balancierer können versuchen, die Strecke mit geschlossenen Augen zu gehen und sich dabei durch Zurufe der anderen Spieler leiten zu lassen. Hierbei sind selbstverständlich große Vorsicht und auch Vertrauen gefordert.

Empfinden von Bewegung, Tiefe, Zeit und Raum

ab 2 Spieler · 15

Rollern

Eine etwa 2 m lange Strecke auf einer glatten, geraden Fläche wird abgesteckt. Jeder Spieler soll stehend auf einem glatten, runden Baumstammstück die vorgegebene Strecke entlangrollen. Am besten ist, wer am seltensten den Boden berühren musste. Ein schwieriges Unterfangen, das Übung erfordert.

Material
Gleichmäßig runde, ca.1 m lange abgesägte Baumstammstücke

Überall durchführbar

Tipp
Man kann bei dieser Aktion plötzlich nach hinten kippen oder abrutschen. Die balancierenden und rollenden Spieler sollten daher durch begleitende Spieler abgesichert werden.

Variante
Wer will, kann es auch rückwärts versuchen.

ab 2 Spieler · 5–30

Wie lange noch?

Ein Spieler nennt eine Begebenheit oder Situation und sagt voraus, in wie vielen Sekunden oder Minuten sie eintreten wird. Situation, Name und Zeitangabe werden notiert. Dann warten alle ab, ob die Vorhersage eintritt und wann. Danach darf ein anderer eine Vorhersage treffen.

Material
Uhr mit Sekundenzeiger, Stift und Notizpapier

Überall durchführbar

Beispiele
• In den nächsten 30 Sek. hören wir einen Waldvogel.
• Es wird noch über 4 Min. dauern, bis wieder eine Weggabelung kommt.
• In 1 Min. hören wir ein Auto.

Sag, wie viel

Einer wird Spielleiter und bereitet mehrere Säckchen mit Inhalt vor. Die anderen sollen jedes Säckchen einmal hochheben und dann abschätzen, wie schwer es wohl ist. Die Angaben werden für jeden Spieler notiert. Am Ende werden alle Säckchen der Spieler auf einer genauen Brief- oder Backwaage abgewogen. Wer das tatsächliche Gewicht genau getippt hat, ist Schätzmeister.

Variante

Verschiedene andere Dinge oder Situationen können eingeschätzt werden: Anzahl, Umfang und Höhe bestimmter Objekte oder auch die Entfernung zu etwas. Spaßig sind ungewöhnliche Maßeinheiten: Wie viele Schneckenhäuser entfernt liegt der tote Käfer oder wie viele Schuhe müssen aufeinandergestapelt werden, um einen Ast zu erreichen?

Material

Mehrere Säckchen, gefüllt mit Federn, Rindenstückchen, kleinen Steinen, großen Kieseln, Erde, Sand, Samenkapseln, Eicheln, Holzwolle, Holzmehl usw., Stift und Notizpapier, Briefwaage

Überall durchführbar

Transportpalette

Alle bauen gemeinsam eine „Transportpalette", also ein Gitter, aus Stöcken und Ästen, Grashalmen und Rindenstreifen. Zwei Spieler halten die Transportpalette hoch. Dann legt jemand Gewichte wie Steine, Holzstämmchen und Wurzelstücke auf die Palette. Alle schätzen ab, wie viel noch aufgeladen werden kann, bis die Transportpalette bricht oder die Träger sie nicht mehr halten können. Es werden immer neue Gegenstände und Gewichte aufgeladen, bis tatsächlich nichts mehr geht.

Material

Äste und Stöcke, lange Grashalme, schmal geschnittene Rindenstreifen

Überall durchführbar

Tipp

Sobald einer der Träger das Gefühl hat, dass es zu schwer wird, muss das sofort gesagt werden. Die Transportpalette wird dann vorsichtig abgesetzt.

ab 3 Spieler · 20

Material

Ein beliebiger Gegenstand

Überall durchführbar

Genau auf den Punkt

OUPS! HIER BIN ICH?!

ZIEL

Eine etwa 8 x 8 m große Spielfläche wird vereinbart und markiert. Dann schließt ein Spieler die Augen. Irgendwo auf der Fläche wird der Gegenstand, d.h. der „Punkt", auf den Boden gelegt. Dann wird der Spieler von einem anderen Spieler durch Anweisungen gelotst: zwei Schritte vor, leichter Bogen nach links, etwas zurück. Wenn er den Punkt erreicht hat, öffnet er wieder die Augen. Es ist verblüffend, die tatsächlich zurückgelegte Strecke mit dem inneren Bild, das man sich automatisch macht, zu vergleichen. In der nächsten Runde darf der erste Spieler die Anweisungen geben und ein anderer Spieler kann sich leiten lassen.

Variante 1

Die komplette Wegbeschreibung (wie z.B. „… zwei Schritte vor, einen nach links, vier geradeaus, zwei nach rechts, einen nach rechts …") wird genannt und dann soll der Spieler ohne weitere Anweisung den Weg zum „Punkt" selbst finden.

ab 2 Spieler · 20

Kein Material nötig

Überall durchführbar

Gleicher Weg noch mal

Auf dem Boden wird eine etwas geschwungene, kurvige Strecke aufgemalt oder eingekratzt. Alle laufen sie mehrmals sehr exakt ab. Dann kommt die Aufgabe: Jetzt soll jeder mit geschlossenen Augen die bekannte Strecke entlanglaufen.

Spiele zum kreativen Gestalten

Hier kann man einmal ein Künstler sein, sich vergnüglich selbst verblüffen und kreativ etwas gestalten.

Material

Weißes Papier, Wachsmalstifte und Bleistifte

Überall durchführbar

Tipp

Bei den Durchzeichnungen vorsichtig sein, damit das Papier nicht reißt und die Struktur auch deutlich erkennbar wird.

Bilder vom Untergrund

Für diese „Frottage" (so nennt man die Methode) sucht jeder Spieler in der Umgebung Strukturen und Oberflächen, die er interessant und ansprechend findet. Das können Rinde oder Blätter eines Baumes, die Wurzel eines umgeknickten Busches, ein Felsabschnitt, Pflastersteine oder ein Zaun sein. Wer etwas entdeckt hat, legt ein weißes Blatt auf den Untergrund und streicht mit einem Stift immer in einer Richtung so über das Papier, dass sich die Oberflächenstruktur abzeichnet. Das Blatt wird nummeriert und der Ort des betreffenden Untergrundes auf einem Extrablatt eingetragen. Spielen mehrere Spieler mit, zeigen sich jetzt alle ihre Bilder. Dann werden die „Frottagen" untereinander ausgetauscht und die Spieler versuchen die Stellen zu entdecken, die als Grundlage für die Zeichnungen dienten.

Material

Wasserschminke, feine Pinsel, Kosmetikspiegel, evtl. Tuch zum Abwischen überschüssiger Farbe

Überall durchführbar

Strukturgesicht

Voraussetzung für diese sensible Aktion ist, dass sich die Spieler an eine besonders auffällige Naturstruktur erinnern können, die sie beispielsweise während eines Spazierganges beeindruckt hat, z. B. glitzernd, matt, hell, dunkel, rau, weich, fließend, unterteilt, gestreift, gefleckt, schattiert usw. Es werden Paare gebildet und die Spieler beschreiben sich ausführlich ihre entdeckte „Lieblingsstruktur". Ausgehend von dieser Beschreibung schminkt immer ein Spieler die Struktur, die der andere beschrieben hat, möglichst treffend auf dessen Gesicht. Die Spieler können auch entscheiden, sich die Lieblingsstruktur ihres Gegenübers auftragen zu lassen. Dabei entstehen fantastische Masken.

Naturverpackung

Wie das berühmte Künstlerpaar Christo und Jeanne-Claude können die Spieler Gegenstände oder Naturabschnitte verpacken. Dazu wählen sie ein Objekt in der Natur aus und wickeln es mit Zeitungspapier entlang dessen Formen und Windungen möglichst präzise ein. Mit angefeuchtetem Papier gelingt das noch besser. Das Objekt kann ein kleiner Baum, ein Busch, eine Wurzel, ein Felsbrocken oder eine ganze Fläche in der Natur sein. Wer Lust hat, fotografiert das Kunstwerk. Um keine Spuren oder bleibenden Schaden in der Natur zu hinterlassen, wird nach einer Weile alles wieder ausgepackt und das Material im Altpapiercontainer verstaut.

45 – 60 | **ab 2 Spieler**

Material

Alte Zeitungen, Wasser, evtl. Fotoapparat

Überall durchführbar

Das fällt in den Rahmen

Die Spieler erhalten je vier Rahmen aus Papier. In der Umgebung sucht sich jeder vier verschiedene Naturausschnitte. Wer etwas Ansprechendes oder Interessantes entdeckt hat, legt seinen Rahmen darüber und hebt die Entdeckung so hervor. Sind alle fertig, stellen sie sich gegenseitig ihre Naturausschnitte vor und beschreiben, weshalb sie ihr „Fundstück" gewählt haben.

30 | **ab 3 Spieler**

Material

Pro Spieler 4 etwa 10 x 15 cm große Rahmen aus Papier oder Pappe

Überall durchführbar

ab 2 Spieler **30–60**

Material

Papier und Stifte für jeden

Ort

Wald, Waldrand, Feldrand und überall

Überall-Bilder

Die Spieler streifen durch die Gegend und suchen überall Bilder. Sie finden sie in der Struktur einer Rinde, eines Baumschnittes, einer abgebröckelten Wand, einem ausgetretenen Weg, einem Blätterhaufen – einfach überall. Wer genau hinsieht, entdeckt vielleicht ein Gesicht, eine Gestalt, einen Weg oder eine Landschaft in den rauen, glatten, gescheckten und schattierten Untergründen und Oberflächen. Wer so ein Bild entdeckt, versucht es möglichst genau abzumalen. Die anderen Spieler sehen sich die Ergebnisse gemeinsam an.

Variante

Die Bilder werden so getauscht, dass niemand sein eigenes in Händen hält. Wer findet das Original der Zeichnung in der Umgebung?

ab 3 Spieler **60–90**

Material

Möbelstücke und Einrichtungsgegenstände nach Bedarf

Ort

Überall, wo eine derartige Aktion gestattet ist

Tipp

Für diese „Kunstaktion im öffentlichen Raum" muss der Eigentümer des Grundstückes, auf welchem die Aktion stattfindet, um Genehmigung gefragt werden. Evtl. muss sogar beim zuständigen Amt für öffentliche Ordnung eine Genehmigung eingeholt werden.

Wohnen mittendrin

Die Spieler bauen eine alltägliche Wohnsituation mit Möbeln und Einrichtungsgegenständen an einem ungewöhnlichen Ort nach und versuchen sich „ganz normal" zu verhalten. Auf der Wiese vor der Kirche wird z. B. eine kleine Wohnzimmerecke samt Stehlampe und Blumentöpfen aufgebaut. Ein Spieler sitzt auf dem Sofa und liest, ein anderer hört Musik oder zwei spielen am Couchtisch ein Brettspiel. Interessant wird es, wenn sich Gespräche mit Passanten ergeben.

Garten im Glas

Zunächst füllt jeder Spieler in sein Glas eine Schicht Kies, ca. 2–3 cm hoch. Wer möchte, schichtet etwa 1 cm dick Blähton darüber. Dieser speichert die Feuchtigkeit und gibt sie dosiert ab, so kann die Erde besser atmen. (Zu feuchte Erde kann im Glas schimmeln.) Dann wird eine etwa 3 cm dicke Schicht Humus eingestreut. Vorsichtig verteilt man etwas Wasser auf der Erdschicht. Dabei sollte auf keinen Fall Matsch entstehen. Mit eini-

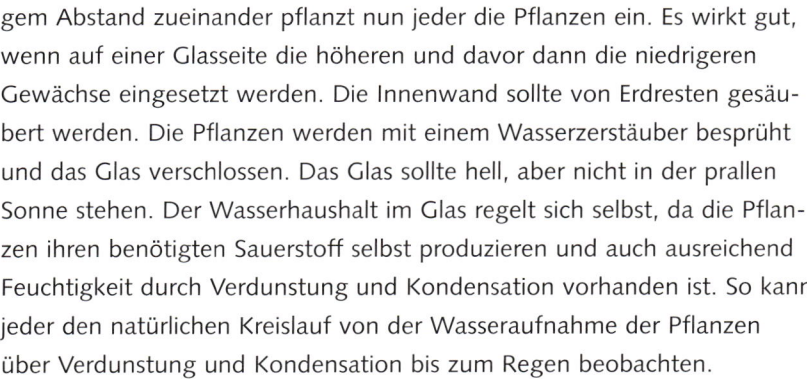

gem Abstand zueinander pflanzt nun jeder die Pflanzen ein. Es wirkt gut, wenn auf einer Glasseite die höheren und davor dann die niedrigeren Gewächse eingesetzt werden. Die Innenwand sollte von Erdresten gesäubert werden. Die Pflanzen werden mit einem Wasserzerstäuber besprüht und das Glas verschlossen. Das Glas sollte hell, aber nicht in der prallen Sonne stehen. Der Wasserhaushalt im Glas regelt sich selbst, da die Pflanzen ihren benötigten Sauerstoff selbst produzieren und auch ausreichend Feuchtigkeit durch Verdunstung und Kondensation vorhanden ist. So kann jeder den natürlichen Kreislauf von der Wasseraufnahme der Pflanzen über Verdunstung und Kondensation bis zum Regen beobachten.

Material

Für jeden Spieler ein großes, ungefärbtes Glas mit großer, aber verschließbarer Öffnung (Korken), feiner Kies oder Split, verschiedene Steingartenpflanzen wie Farne, Efeu, Zwergalpenveilchen, evtl. sogenannter Blähton

Überall durchführbar

Tipp

Ist das Glas ständig beschlagen, sollte es einige Zeit offen stehen, damit die überschüssige Feuchtigkeit verdunsten kann.
Vertrocknete Pflanzen weisen auf zu wenig Feuchtigkeit hin, dann sollte man gießen.

Kleine Landschaft

Von einem Ausflug in die Umgebung werden Materialien wie Wurzeln, Rinde, Zapfen, Samenkapseln, Steinchen, Grashalme, Stöckchen, Äste, Blätter u. Ä. mitgebracht. In einer flach abgeschnittenen Pappschachtel kombiniert jeder Spieler diese Gegenstände zu einer fantastischen Landschaft. Hat alles seinen Platz, müssen die Teile trocknen, um dann mit Alleskleber fixiert zu werden.

Material

Gesammelte Naturmaterialien, Alleskleber, flach abgeschnittene Pappschachtel mit festem Boden (Höhe ca. 5 cm)

Überall durchführbar

ab 2 Spieler · 45–60

Material
Verschiedene Naturmaterialien

Ort
Wald, Waldrand

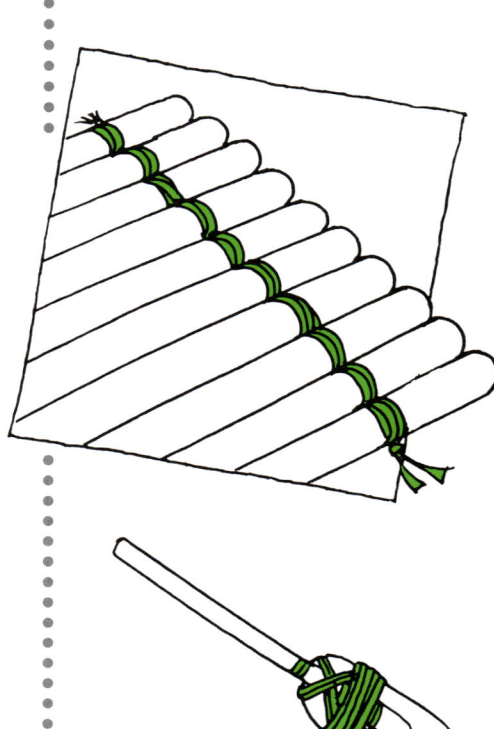

Floß

Die Spieler suchen sich Naturmaterialien wie Stöcke, Steine, Blätter, Rindenstücke, Moos, Gras usw. zusammen. Gemeinsam bauen sie hieraus ein Floß.

Grundfloß

Etwa zehn gleichmäßige Stöckchen werden nebeneinandergelegt und zusammengebunden, sodass sie der Länge nach dicht beieinandergehalten werden. Zum Binden benutzt man am besten geflochtene Schnüre aus Gras oder Rinde.

Steuerruder

An einen dünnen Ast wird an ein Ende ein sehr flacher Stein gebunden. Dieses Ruder wird durch einen Schlitz an einer Seite des Floßes mittig zwischen die Längsstangen geschoben. Der Stein – das Ruder also – sollte etwa 5 cm unter das Floß ragen, sobald es ins Wasser gesetzt wird.

Segel

Wer will, kann ein Großsegel aus einem Riesenblatt in die Mitte des Floßes einstecken.

Eine lange, aus Gras geflochtene Schnur wird am Bug (vorne) befestigt, damit das Floß später wieder zurückgeholt werden kann.

Variante

Wer ein kleines Häuschen konstruiert und es auf das Floß setzt, hat schon fast ein Hausboot. Es ist nur wichtig, dass die Wände auf dem Floß mit kleinen, schmalen oder angespitzten Keilen sicher befestigt werden. Ein großes Blatt an einem dünnen Ast wird zur Fahne vorne am Bug.

Ewige Steinstadt

45–90 | ab 1 Spieler

Steine aller Art, rund, spitz, rau, glatt, klein oder groß, werden als Baumaterial gesammelt. Jeder Spieler überlegt, welche seiner Steine gut zueinander passen. Dann verklebt er sie mit einem lösungsmittelfreien Steinkleber. Wenn die Steine trocken sind, können sie bemalt und lackiert werden. Fenster und Türen, Aufzüge oder Plakatwände und Hinweisschilder werden aufgemalt und es entsteht eine richtige kleine Spielstadt. Mit etwas Geschick können auch Züge, Fahrzeuge, Bäume usw. gestaltet werden.

Material

Gesammelte, unterschiedlich geformte kleine und große Steine; lösungsmittelfreier Steinkleber

Überall durchführbar

Tipp

Jüngere Kinder brauchen etwas Unterstützung beim Umgang mit dem starken Kleber.

Naturgewebe

45–60 | ab 2 Spieler

Die Spieler konstruieren für sich einen Webrahmen. Dazu steckt man zwei Stöcke parallel mit etwas Abstand nebeneinander fest in den Boden. Zwischen den beiden Seiten werden mehrere Rinden- oder geflochtene Grasschnüre (notfalls Paketschnur) gespannt, jeweils im Abstand von etwa 2–3 cm. Zwischen diese gespannten Schnüre können dann Gras, Steine, Moos und Ähnliches eingeflochten werden. Sie müssen fest zur Seite gedrückt oder mit etwas Schnur gesichert werden, damit sie auch gut halten. Gegebenenfalls müssen größere Gegenstände extra festgebunden werden.

Material

Verschiedene Naturmaterialien wie Gras, Rinde, Steine, Stöcke, Blätter, Moos, notfalls Paketschnur

Ort

Wald, Waldrand, Feld, Feldrand, Wiese, aber auch überall

780 €

313 €

1.000 €

Material

*Gesammelte, unterschiedliche
Naturgegenstände wie Wurzeln,
Rinde, Steine, Äste, Blätter, Tier-
knochen, Samen …*

Überall durchführbar

Naturskulptur

Jeder Spieler sammelt für sich verschiedene Naturgegenstände. Sie werden intensiv begutachtet.
Man überlegt, wie die Teile zueinander wirken,
welche gut zusammenpassen und was entstehen
könnte, wenn sie miteinander verbunden werden.
Nach einer intuitiven Phase des Fantasierens
beginnt jeder Spieler eine Skulptur zu gestalten.
Am Ende der Aktion veranstaltet man eine
kleine „Vernissage", also eine Ausstel-
lungsfeier und stellt die Werke vor.

Material

*Naturgegenstände und Fotos
davon, undurchsichtiger Sack*

Überall durchführbar

Da kommt's her

Bei schönem Wetter machen die Spieler Fotos von bestimmten, interessanten Gegenständen in der Natur. Das Umfeld des Fundstückes sollte mit
aufgenommen werden, z. B. ein Schneckenhaus auf einem Moosteppich,
eine vertrocknete Wurzel in einem Blätterhaufen, ein abgebröckelter Stein
neben einem Felsblock, die leere Verpuppungshülle einer Libelle. Dann
nimmt jeder den im großen Umfeld fotografierten Naturgegenstand mit
und bringt die Filme zum Entwickeln.
Stehen die Fotos entwickelt zur Verfügung, werden sie in mehreren
Reihen offen ausgelegt. Die gesammelten Fundstücke kommen in einen
undurchsichtigen Sack oder eine Einkaufstasche. Ein Spieler zieht ohne
Hinsehen ein Fundstück aus dem Beutel und legt es auf den Tisch. Wer
zuerst auf das Foto des passenden Fundortes deutet, bekommt das Teil
und legt es vor sich ab. Am Ende gewinnt, wer die meisten Gegenstände
vor sich liegen hat.

108

Naturgesichter – Naturgeschichte

30 – 60   ab 2 Spieler

Jeder Spieler gestaltet sich eine Naturmaske. Dazu sucht er sich ansprechende und interessante Naturmaterialien zusammen, die sich dazu gut eignen. Wenn die Maske fertig ist, kann sie mit Schnur am Kopf oder auch am Körper befestigt werden.

Material

Verschiedene Naturmaterialien wie Gras, Rinde, Steine, Stöcke, Blätter, Moos, geflochtene Gras- oder Rindenschnur, evtl. Paketschnur oder Gummiband

Ort

Wald, Waldrand, Feld, Feldrand, Wiese, aber auch überall

Variante

Es wird ein Thema vereinbart, z. B. Felsengeister und Moosriese, das Geheimnis der Wurzelwichte, im Nebelwald. Die Masken werden zum Thema gestaltet. Gemeinsam entwickeln die Spieler eine kleine Szene.

Mosaik

30 – 60   ab 2 Spieler

Die Spieler sammeln in größerer Menge unterschiedliche Naturmaterialien wie Moose, Steine und Sand, Erde, Blätter, Rinde, Gräser, Äste. Dann gestalten alle gemeinsam ein Naturmosaik mit fantastischen Mustern.

Material

Verschiedene Naturmaterialien

Ort

Wald, Waldrand, Feld, Feldrand, Wiese, aber auch überall

Wasserrad

ab 1 Spieler

90

Material

Viele dünnere Stöcke, geflochtene Gras- oder Rindenschnur, evtl. Paketschnur, Taschenmesser, evtl. eine Gartenschere

Ort

Fluss-, Bach- oder Seeufer

Tipp

Bei dieser Spielerei bedarf es etwas Vorstellungskraft und Konstruktionsfähigkeit. Das Wasserrad soll sich durch die Strömungskraft des Wassers drehen.

Die Konstrukteure suchen sich zunächst das benötigte Material zusammen. Am besten eignen sich Haselruten, die bodennah abgeschnitten werden.

Naben

Zuerst werden zwei Naben konstruiert. Für eine Nabenseite werden vier gleich lange Stöcke (etwa 30 – 50 cm) so in die vier Himmelsrichtungen ausgelegt, dass sie an einem Ende ein kleines Viereck bilden. Dort werden sie mit der Schnur verbunden. Durch dieses Viereck muss später die Achse passen.

Achse

Ein dickerer Ast wird an den beiden Enden mit einem Taschenmesser etwas eingekerbt.

Stützen

Die Stützen werden wie ein Sägebock gebaut, also zwei X, die möglichst stabil sein müssen. Die obere Hälfte des X ist etwas kleiner. Hier wird die Achse aufgelegt.

Schaufeln

Jeweils etwa 15 dünne Holzstöckchen dicht nebeneinander zu Schaufeln zusammenbinden. Die Naben hält man nebeneinander und befestigt quer über die zwei nach einer Seite ragenden Stockenden eine Schaufel.

Dann die Achse durch die Mittelöffnung der beiden Naben schieben. Das Wasserrad auf die zwei Stützen legen und so ins Wasser stellen, dass es sich in Strömungsrichtung dreht.

Wasserorgel

15 **ab 2 Spieler**

Mit Wasser in Gefäßen kann man Töne erzeugen. Die Spieler füllen in mehrere Flaschen unterschiedliche Mengen Wasser. Dann werden die Flaschen mit einer Schnur an einen langen Ast gehängt. Mit einem harten Stock werden sie angeschlagen und schon erklingt eine Melodie. Wer sehr musikalisch ist, kann die Töne exakt nach der Tonleiter erzeugen, indem jeweils Wasser hinzugefügt oder abgegossen wird.

Material
Leere Glasflaschen, geflochtene Gras- oder Rindenschnur, evtl. Paketschnur

Ort
Ufer eines Baches oder Flüsschens

Schneeskulpturen-Park

60 **ab 1 Spieler**

Mit gut haftendem Schnee gestaltet jeder nach seiner Vorstellung eine Skulptur. Naturmaterialien aber auch Eiszapfen können geschickt eingebaut werden. Flächen lassen sich gut mit Wasser glätten. Am Ende können die Künstler bei einer Ausstellungseröffnung ihre Werke vorstellen.

Material
Warme Kleidung und viel gut haftender Schnee

Ort
Überall im Schnee

Tipp
Mit Naturmaterialien und farbigem Transparentpapier, Folien, Kerzen, Fackeln oder Taschenlampen lassen sich faszinierende Wirkungen erzeugen.

ab 2 Spieler

60

Material
Stöckchen, Steine, Moos, Blätter, Rindenstücke, Lehm, geflochtene Gras- oder Rindenschnur

Ort
Wald, Waldrand

Turm

Ein hoher Turm soll gebaut werden. Die ersten Stöckchen werden in den Boden gebohrt. Steine dienen als Verstärkung. Wenn einige Stöcke quer zu den senkrechten Grundstöcken gesteckt und mit Grasschnur befestigt werden, erhält man einen Zwischenboden. Dann wird weiter nach oben gebaut. Das Dach wird aus kräftigen Blättern, Rinde und Gras konstruiert und mit etwas Lehm verschmiert, damit es besser hält. Wer hat den stabilsten, wer den höchsten Turm?

Variante
Dieser Turm, in Miniaturausführung gebaut, passt ideal zu einem Miniaturdorf.

ab 1 Spieler

30

Material
Dias von Naturgegenständen oder Naturausschnitten, Diaprojektor, Farben und Pinsel, evtl. großer Papierbogen

Ort
Im Haus

Tipp
Es sollte nach Möglichkeit ein einfach strukturiertes und nicht zu kompliziertes Foto ausgewählt werden.

Naturwand

Wer eine Zimmerwand frei gestalten darf, kann sie als „Naturwand" ausgesprochen interessant gestalten. Das Dia eines außergewöhnlichen Naturgegenstandes wird dazu möglichst groß an die Wand projiziert. Mit einem Stift fährt man nun direkt auf der Wand oder auf einem großen Bogen Papier die einzelnen Konturen des Motivs auf der Fläche nach. Anschließend malt man die Flächen mit den entsprechenden Farben aus. Die Wirkung ist meistens großartig.

Spiele für größere Aktionen und Gruppen

Attraktive Spiele bei Feiern, Fahrten und im Urlaub reißen alle mit und machen in der großen Runde einen Riesenspaß – da schlagen nicht nur Indianerherzen höher.

Gaudi-Radrallye

Die Teilnehmer werden in kleine Gruppen eingeteilt. Jedes Team bekommt einen Aufgabenzettel und einen Stift. Dann radeln alle los
und erledigen unterwegs die Aufgaben an
den Stationen bzw. auf dem Zettel.

Das Vorbereitungs-
team gestaltet
den Aufgaben-
zettel und
sorgt für die
rechtzeitige
Bekanntgabe und Werbung. Vielleicht lässt sich an die
Tour ein Fest, ein Spielenachmittag oder ein tolles
Stadtteil-Essen anschließen. Der Schwierigkeitsgrad der
Aufgaben sollte sich an den Teilnehmern orientieren und
möglichst unterschiedliche Sinnes-, Bewegungs- und
Geistesanforderungen stellen. Die Streckenführung
ist gut zu kennzeichnen und sollte nicht durch
unwegsames Gelände führen.

Material

*Vorbereitete Aufgaben, evtl.
für bestimmte Stationen
benötigte Utensilien wie Uhr
mit Sekundenzeiger, Maß-
band, Teilnahme-Urkunden
oder andere Erinnerungsstücke,
Papier, Stifte*

Überall durchführbar

Beispiele für Aufgaben:

- Einen markanten Naturabschnitt aufzeichnen,
  z.B. Wurzelwerk, Baumsilhouette, Felsformation,
  Blütenform, Rindenstruktur.
- Das Alter eines abgesägten Baumes anhand der
  Jahresringe bestimmen.
- 15 Naturgegenstände ansehen,
  merken und an der übernächsten Station
  aufzählen, z.B. Schneckenhaus, Blüte,
  Feder, Astgabel, Moos, Pilz, Grashalm …
- Vom Fahrrad aus muss ein Holzklotz
  mit einem Stock in ein Ziel geschoben werden. Absteigen
  oder mit den Füßen den
  Boden berühren ist
  nicht erlaubt.
- Ohne hinzusehen,
  sollen fünf
  Gegenstände
  aus der Natur
  ertastet werden.

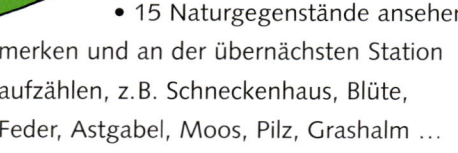

97, 98, 99 …

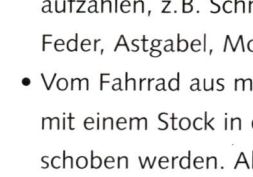
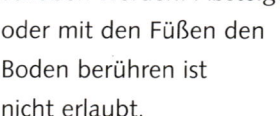
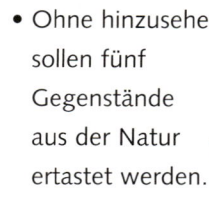

Spiele für größere Aktionen und Gruppen

- In einem bestimmten, deutlich markierten Streckenabschnitt sind 10 bis 15 Dinge versteckt, die unnatürlich sind oder nicht in diesen Naturabschnitt gehören. Sie sind zu entdecken und zu notieren, z.B. Stofftier in der Wiese, weihnachtlich geschmückte Fichte, Bananen im Apfelbaum, Palme im Weizenfeld …
- Über ein langes Brett radeln, ohne mit den Reifen oder Füßen den Boden zu berühren oder ähnliche Hindernisse.

- Anhand eines Fotos während der Tour einen bestimmten Naturgegenstand entdecken.
- Einen anfänglich erhaltenen „heißen" Gegenstand anderen aufladen oder mitgeben, ohne dass diese es merken. Wer ihn am Ende besitzt, muss eine Sonderaufgabe erfüllen oder bekommt einen Minuspunkt.

Tipp

Die Spielleitung muss mit einigen Helfern die Tour gut vorbereiten. Dazu sollte der Weg bereits vor der Veranstaltung erprobt worden sein, um die Aufgaben besser auf die Gegebenheiten der Strecke abzustimmen. Die Strecke sollte verkehrsarm sein, an gefährlichen Abschnitten kann man Helfer postieren.

- Unterwegs verteilte Buchstaben notieren und daraus den Lösungssatz bilden (z.B. „Wir laden die Organisatoren zum Eisessen ein."). Die Buchstaben eines jeden Wortes sollten eine andere Farbe haben, um die Zuordnung zu vereinfachen.
- Unter einer quer gelegten Stange (etwa 150 cm hoch, locker auf zwei links und rechts stehenden Stühlen oder Tischen aufgelegt) durchfahren, ohne sie herunterzuwerfen.
- Welche Idee für eine möglichst naturfreundliche Gestaltung habt ihr für diesen Platz? Was könnte auf diesem Platz entstehen?

- Schlange und Ei: Durch einen durchgeschnittenen Fahrradschlauch soll möglichst schnell ein Tischtennisball oder eine Murmel gedrückt werden.
- Samen benennen, die durch den Wind verbreitet werden (z.B. Löwenzahn, Weide, Birke).
- Zehn Dinge aus der Natur benennen, die z.B. mit *M* beginnen.

In die Gaudi-Radralley lassen sich viele andere Spiele aus diesem Buch einbauen!

Grünes Fest

ab 6 Spieler

150

Material

Naturmaterialien, Lebensmittel nach Bedarf, Klebstoff, Illustrierte und Zeitungspapier

Ort

Wald, Waldrand, Feldrand, Wiese, aber auch überall

Dekoration

Mit Naturmaterialien wird die „Festtafel" geschmückt. Gestecke aus Rinde, Blättern, langen Gräsern, Blüten und Steinen bilden das Zentrum. An einem Tischende kann eine kleine Landschaft aus Naturmaterialien gestaltet oder zwischen einem Büfett platziert werden. Am anderen Ende stehen in einem „Dschungel" aus Gräsern, Schilf, Rinde und Ästen Getränke bereit. Als Sitzgelegenheit dienen die weiche Wiese oder Baumstümpfe, mit einem „Kissen" aus Gras.

Programm

Das Fest wird mit Lieblingsliedern der Gäste (fetzige Kinderlieder) eingeleitet, gefolgt von Naturspielen, wie sie in diesem Buch beschrieben sind. Dann wird die grüne „Festtafel" eröffnet und miteinander gegessen.

Essen und Trinken

Wer sich viel Mühe geben will, kann das Essen unter ein Motto stellen, zum Beispiel „Grüner Traum". Dann gibt es nur Dinge, die grün sind: Pfefferminztee, grüne Salate, Kräuterbutter, Grünkernsuppe, Waldmeister-Pudding, Kräuterquark, gefüllte Zucchini, Weintraubentorte …

Waldmeister und Waldgeister

Zwei gleichgroße Teams werden gebildet. Das Spiel kann nur mit einer geraden Anzahl Spieler gespielt werden (2 x 4, 2 x 6 oder 2 x 8). Absolut geheim versteckt exakt die Hälfte der Spieler jeder Gruppe einen Naturgegenstand unter der Kleidung. Die gegnerische Gruppe darf auf keinen Fall mitbekommen, wer einen Gegenstand besitzt. Die Spieler mit dem versteckten Gegenstand sind die sogenannten (guten) Waldmeister, die ohne Kennzeichnung die (bösen) Waldgeister des Teams.

Die Spielfläche wird in 6 x 6 gleich große Feldabschnitte unterteilt. Die vier Eckfelder werden als Geheimnisfeld gekennzeichnet, indem man z.B. einen dicken Stock in die Erde steckt.

Ein Team stellt sich in zwei Reihen auf einer Feldseite auf, je ein Spieler pro Feldabschnitt. Auf der gegenüberliegenden Seite platziert sich in gleicher Weise das gegnerische Team. Die vier Eckfelder bleiben frei.

Es gibt drei Möglichkeiten, das Spiel für sich zu entscheiden. Gewonnen hat ein Team, wenn es eine der nachfolgenden Bedingungen erfüllt hat:

1. Alle (guten) Waldmeister des Gegners wurden eingefangen.
2. Ein (guter) Waldmeister eines Teams zieht über das Geheimnisfeld der gegnerischen Gruppe aus dem Spielfeld hinaus.
3. Alle eigenen (bösen) Waldgeister wurden vom Gegner eingefangen.

Die Zugweise der Spieler ist streng vorgegeben: Waldmeister oder Waldgeister dürfen stets einen Feldabschnitt nach links, rechts, zurück oder nach vorne gehen. Diagonal darf nicht gezogen werden. Es können Waldmeister oder Waldgeister gefangen werden, entscheidend ist der Nutzen für die jeweilige Siegbedingung.

Sobald ein Waldgeist oder ein Waldmeister mit einem gegnerischen Spieler auf dem gleichen Feld zusammentrifft, kommt es zur Gefangennahme. Der ankommende Spieler schickt den anderen hinter die Seitenlinie des Spielfeldes. Der Gefangene muss zu erkennen geben, ob er ein (guter) Waldmeister oder ein (böser) Waldgeist ist.

Das erste Team berät sich über seine Strategie und schickt einen Spieler um ein Feld vor. Nun sind die anderen an der Reihe. Auch sie beraten sich und schicken einen Spieler vor. Sobald ein Team das Spielziel erreicht hat, endet das Spiel.

Dieses Spiel ist die Umsetzung des Spielklassikers „Geister" von Alexander Rudolph, erschienen bei Drei Magier Spiele, Uehlfeld.

Material

Fichtenzapfen o. Ä. zur Kennzeichnung, Stöcke

Ort

Wald, Waldrand, Feldrand, Wiese, aber auch überall

Tipp

Eine eindeutige Taktik gibt es nicht, denn vieles im Spiel ist Vermutung, Bluff oder Glück. Ein Team kann versuchen, eine gegnerische Gefangennahme zu provozieren und einen Spieler vorschicken. So kann manchmal ein Waldmeister, der vom Gegner zu lange als Waldgeist eingeschätzt wurde, unbeachtet auf das Geheimnisfeld ziehen.

Leben wie Robinson auf der Insel

ab 2 Spieler 150–180

Material

Stöcke, Äste, Stämme, Rinde, Blätter, Moos, Steine, Stroh, Heu, Samen oder Jungpflanzen von Kletterpflanzen

Ort

Wald, Waldrand

Tipp

Um Ärger mit dem Forstamt oder der Naturschutzbehörde zu vermeiden, sollte man sich beim Förster nach einem geeigneten Platz für eine Hütte erkundigen. Man sollte in dieser Hütte ruhig einen Tag und eine Nacht verbringen. Das ist ein großartiges Erlebnis. Kinder sollten das allerdings nur in Begleitung ihrer Eltern oder anderer Erwachsener ausprobieren. Wichtig ist der Witterung angemessene Kleidung und eine Schlafunterlage.

In einem abwechslungsreichen Gebiet suchen die Spieler nach einem geeigneten Standort für eine Naturhütte. So ein umweltfreundlicher Unterschlupf schützt vor Wind und Wetter und kann evtl. auch Tieren als Winterquartier dienen. Gemeinsam überlegen die Spieler, welcher Standort geeignet ist und wie groß die Hütte werden soll. Alle sammeln das geeignete Baumaterial und bauen ihren Unterschlupf.

Stütz- und Wandpfeiler

Begonnen wird mit den Stütz- und Wandpfeilern in den Ecken. Sie verleihen der Hütte Stabilität.

Wandbefestigungen und -verkleidung

Steht das Grundgerüst, werden Äste als Wandstreben in den Boden gesteckt und mit geflochtenem Gras oder dünnen Ästen festgebunden und weitere Äste als Wandfüllung eingewoben.

Eingang und Sichtfenster

Mit weicheren, biegsamen Ästen werden die „Rahmen" für Fenster und Türöffnung hergestellt.

Dach und Boden

Das Dach sollte möglichst aus nur zwei stabilen Teilen wie z.B. zwei miteinander verflochtenen Zweig- und Blattgittern bestehen, um es bei Einsturz schneller reparieren zu können. Ein eng verflochtenes Gitternetz aus Ästen auf dem Boden sorgt für guten Feuchtigkeitsablauf und Sauberkeit in der Hütte.

Innenausstattung

Große Steine oder Baumstümpfe dienen als Sitze.

Bepflanzung

Schnell wachsende Kletterpflanzen bilden einen weiteren natürlichen Schutz für die Hütte und stellen eine gute Unterkunft für Kleintiere und Insekten dar. Als Kletterpflanzen eignen sich besonders gut wilder Wein, Hopfen, Pfeifenwinde, Efeu, Bohnen und Knöterich. Es können aber genauso auch Fruchtsträucher wie Haselnuss, Strauchheidelbeere oder Brom- und Himbeere eingepflanzt werden.

Werkzeug aus Naturmaterial

Aus Naturmaterialien werden verschiedene Werkzeuge für den „Robinson-Haushalt" hergestellt. Die Herausforderung besteht darin, keine „neuzeitlichen" Hilfsmittel zu verwenden.

Hammer
Ein Hammer entsteht aus einem Ast, einer geflochtenen Grasschnur und einem kräftigen Felsstück.

Grabwerkzeug
Aus einer Astgabel mit festgebundener Steinplatte oder einem stabilen Rindenstück entsteht ein Minispaten.

Nähahle
Aus einem spitz geschabten dünnen Ast, an dessen Ende man mit einer dünnen Steinspitze ein kleines Loch hineinbohrt, lässt sich das praktische Nähutensil herstellen.

Schneidewerkzeug
Dazu wird ein länglicher, scharfkantiger Stein mit einem weiteren Stein noch etwas bearbeitet. Die Schneidekante sollte geradlinig und scharf geschliffen werden. Als Griff wird das Ende des länglichen Steins mit Rinde und Gras umwickelt.

Pfeil und Bogen
Für einen Bogen nimmt man eine frische Haselrute. Sie wird gebogen und zwischen die beiden Enden einer aus Gras oder schmalen Rindenstreifen geflochtenen Schnur gespannt. Zur Not darf auch dünne Paketschnur verwendet werden. Damit die Schnur besser hält, können schräge Kerben in die Endstücke der Rute geschnitten oder auch kleine Löcher gebohrt werden. Pfeile werden aus geraden Stöcken hergestellt, ein Ende wird angespitzt und in das andere eine Kerbe zum Einhaken der Schnur geschnitten.

Esswerkzeuge und Trinkgefäß
Eine Gabel entsteht aus einem Ast, an dessen schmalem Ende eine Astgabel sitzt. Ein Löffel kann aus einem schmalen Rindenstück mit ausgekratztem Ende hergestellt werden. Für das Trinkgefäß benötigt man eine ausgehöhlte und sauber geschabte Birkenrinde, um die einige Blätter dicht gewickelt und gebunden werden. Ein flaches, gesäubertes Rindenstück dient als Teller.

Material

Naturmaterialien, evtl. etwas Paketschnur; für die Variante: weggeworfene Fundstücke aller Art

Überall durchführbar

Tipp

Beim Gebrauch des Bogens ist äußerste Vorsicht geboten und stets auf ausreichend Abstand zu Mensch und Tier zu achten.

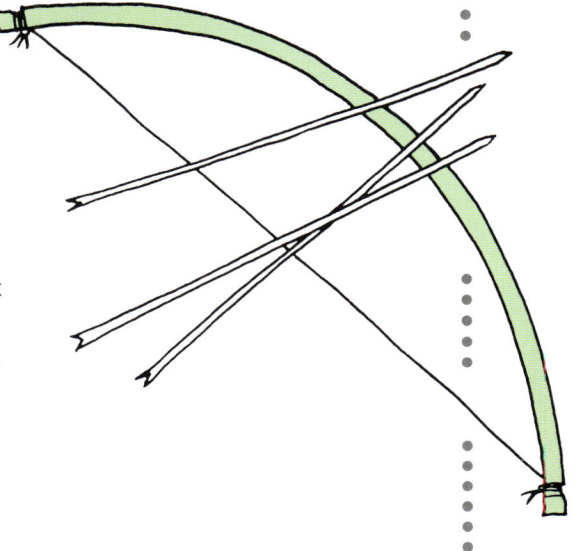

119

ab 4 Spieler | **60–90**

Material

Vorbereitete Aufgaben, evtl. Aufgabenzettel, benötigte Utensilien wie z.B. Maßband, Uhr mit Sekundenzeiger, Bestimmungsbuch

Überall durchführbar

Wanderrallye

Vor Beginn dieser Spielform bereitet die Spielleitung einige Aufgaben vor. Die Spieler wandern dann gemeinsam mit der Spielleitung los, und sobald sich ein für eine bestimmte Aufgabe geeigneter Platz anbietet, wird angehalten. Die Aufgabe wird nun bekannt gegeben oder die vorher ausgeteilten Aufgabenzettel werden hervorgeholt und die Spieler machen sich einzeln oder als Team ans Werk. Am Ende könnte ein Sieger festgestellt werden, was allerdings nicht notwendig ist. Der Spaß am gemeinsamen Tun sollte bei dieser Spielform überwiegen.

Beispiele:

- Mit geschlossenen Augen sechs von der Spielleitung mit Naturmaterialien erzeugte Geräusche erkennen und benennen.
- Auf einer niedrigen Mauer oder einem Baumstamm balancieren, am Ende umdrehen und wieder zurückgehen, ohne mit den Füßen den Boden zu berühren.

- Den Umfang eines Baums aus drei Vorgaben richtig einschätzen.
- Abschätzen, wie lange ein anderes Gruppenmitglied benötigt, um einen bestimmten Naturgegenstand zu entdecken, z.B. eine Feder oder ein Schneckenhaus.
- Aus Naturgegenständen innerhalb von 3 Min. einen möglichst hohen und stabilen Turm bauen. Dabei darf kein Bauteil länger als 50 cm sein.
- Blätter von 15 verschiedenen Pflanzen sammeln und acht davon benennen.

- An einem in ca. 1,5 m Höhe befestigten Seil eine Strecke von etwa 5 m entlanghangeln oder klettern (über einen imaginären Bach oder eine Senke).
  - 15 Naturgegenstände ansehen und sich merken (Rinde, Schneckenhaus, Blüte, Blatt, Astgabel, Moos, Pilz, Grashalm, totes Insekt, Knochen, Feder, Tierhaare, Stein, leeres Vogelnest, angefressener Fichtenzapfen).
  - Aus umherliegenden Naturmaterialien ein „Trapper-Werkzeug" basteln und einen passenden Namen dafür erfinden.
- Einen schräg aufliegenden Baumstamm rückwärts hinaufbalancieren.
- Heilkräuter entdecken und ihre Zubereitung und Wirkung benennen.
- Ein Grabgerät konstruieren und ein 20 cm tiefes Loch graben.
- Die 15 bei einer früheren Station gemerkten Naturgegenstände wiedergeben oder auf einen Zettel schreiben.
- Auf einen Baum klettern und einen dort deponierten Gegenstand holen.
- Essbare Waldfrüchte benennen und ggf. auch in der Umgebung entdecken. (Achtung: wegen der Gefahr des Befalls mit Fuchsbandwurm sollten keine bodennahen Früchte verzehrt werden!)
  - Ein stabiles, mindestens 40 cm langes Schnurstück aus Gras flechten.
  - Das Alter eines abgesägten Baumes anhand der Jahresringe bestimmen.
  - Einen schweren Stein nur mithilfe von Stöcken an einen 5 m entfernten Ort transportieren, ohne dass der Stein den Boden berührt.
  - Aus Naturmaterialien ein Gefäß konstruieren und über eine vorgegebene Strecke möglichst viel Wasser damit transportieren.
  - Mit nackten Zehen eine bestimmte Anzahl von Steinen in ein Gefäß füllen.

Tipp

Der Vorteil einer Wanderrallye liegt darin, dass sie auch in einem unbekannten Gebiet durchführbar ist, da die Spielleitung die Aufgaben so auswählt, dass sie nahezu überall mit kleinen Abwandlungen erfüllt werden können.

TRAPPERZAHN-REINIGUNGSGERÄT

ab 6 Spieler | 60–90

Geheimnisträger

Ein Spielleiter bildet zwei Gruppen. Jedes Team erhält zehn mit seiner Gruppenfarbe versehene Steine, die „Geheimnisse". Ein 50 x 50 m großes Spielgebiet wird vereinbart. Auf einer der Randlinien dieses Gebietes markieren die beiden Teams etwa 15 m voneinander entfernt einen Kreis von etwa 1 m Durchmesser. Das ist ihr „Ort des Geflüsters". Dorthinein legen sie ihre markierten Geheimnisse sowie noch eine beliebige Anzahl nicht markierter Steine in etwa gleicher Größe.

Dann verteilen sich die Teams über das ganze Spielgebiet und legen für sich im Spielgebiet einen „geheimen Platz" fest. Dieser muss mindestens 30 m vom „Ort des Geflüsters" entfernt liegen. Nach 15 Min. teilt jede Gruppe dem Spielleiter heimlich ihren geheimen Platz mit und begibt sich dann zu ihrem „Ort des Geflüsters". Dort bestimmen sie jeweils zwei Geheimnisträger, die sich die Farbmarkierungen anstecken, allerdings so, dass man sie nicht sieht. Auf ein Zeichen hin beginnt das Spiel.
Jedes Team soll nun die eigenen beim „Ort des Geflüsters" liegenden Geheimnisse zu ihrem Geheimplatz bringen. Wer das zuerst geschafft hat, gewinnt. Geheimnisse dürfen ausschließlich von Geheimnisträgern transportiert werden, wobei diese Aufgabe innerhalb der Gruppe wechseln kann, indem die Farbmarkierung einem anderen Spieler übergeben wird. Dieser Wechsel sollte unauffällig geschehen. Alle Spieler bewegen sich ständig im Spielgebiet – möglichst so, dass die Gegner nie wissen können, wer die augenblicklichen Geheimnisträger sind und wo sich der geheime Platz befindet. Um das andere Team zu bluffen, können Spieler auch unterwegs gefundene, unmarkierte Steine mit sich tragen oder provozierend unauffällig untereinander weitergeben.
Wird ein Spieler aufgehalten und mit der Hand berührt, muss er seinen Farbanstecker vorzeigen, sofern er einen mit sich führt. Hat er als ertappter Geheimnisträger tatsächlich ein Geheimnis dabei, bekommt es der Gegner. Ein unmarkierter Stein ist wertlos, ein markierter Stein wird eingezogen und ist dadurch entwertet. Er kann nicht zurückerobert werden.

Material

10 faustgroße Steine mit einem roten Punkt, 10 Steine mit einem blauen Punkt, beliebige Anzahl unmarkierter Steine, 2 rote und 2 blaue Anstecker oder Aufkleber

Überall durchführbar

Tipp

Sobald sich ein Spieler einem Geheimnisträger auf 1 m angenähert hat, gilt das als erwischt. Es kann auch so gespielt werden, dass Geheimnisträger berührt werden müssen.

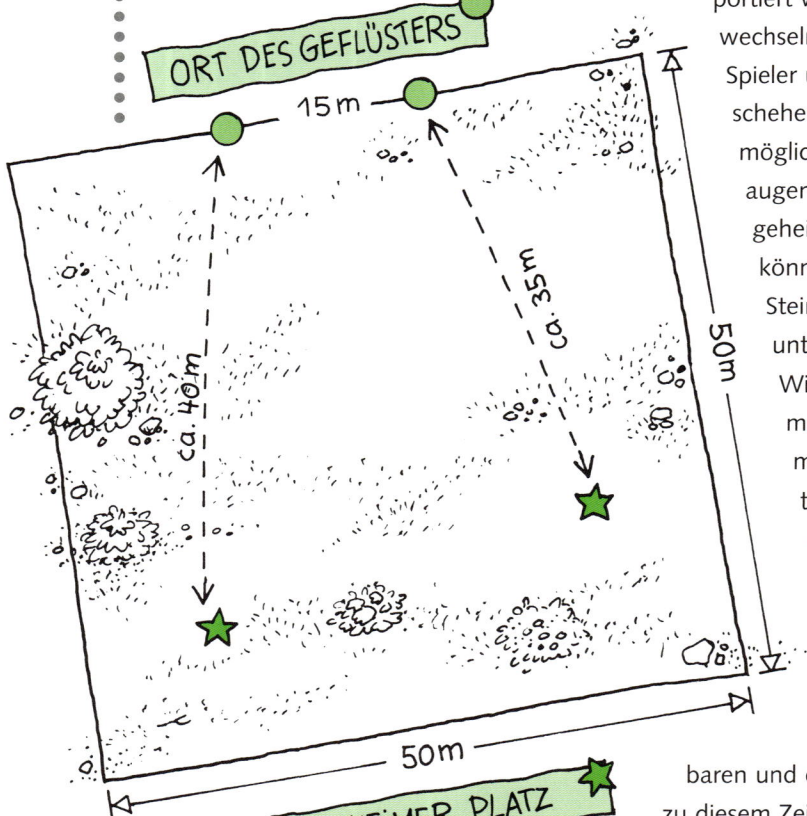

ORT DES GEFLÜSTERS
15 m
ca. 35 m
ca. 40 m
50 m
50 m
GEHEIMER PLATZ

Variante

Man kann auch eine begrenzte Spieldauer vereinbaren und es wird gezählt, welche Gruppe die meisten Steine bis zu diesem Zeitpunkt zu ihrem Geheimplatz bringen konnte.

Naturnotizen

ab 2 Spieler

Innerhalb eines vereinbarten Gebietes im Wald, dem Stadtpark oder am Wegesrand sucht sich jeder Spieler einen kleinen Abschnitt aus. Dieser Naturabschnitt soll über einen längeren Zeitraum (z.B. einen Monat, ein halbes oder ganzes Jahr) beobachtet und alles notiert werden, was sich darin verändert. Gemeinsam tauschen alle ihre Naturnotizen aus und berichten einander, welche Besonderheiten aufgetreten sind. Fotos, Fundstücke und Zeichnungen können die Notizen vervollständigen.

Variante

Es kann sich auch jeder Spieler einen bestimmten Baum oder Strauch auswählen und an diesem die Beobachtung durchführen. Dazu gehört auch, ihn zu vermessen, die Veränderung der Blattgrößen im Lauf der Zeit festzuhalten, die Silhouette des Baumes zu unterschiedlichen Jahreszeiten aufzuzeichnen oder die verschiedenen Tierarten aufzuschreiben, die sich dort aufhalten.

Material

Heft und Stift für jeden, evtl. auch Fotoapparat

Überall durchführbar

Tipp

Dieses Spiel erfordert einen langen Atem, denn interessante Veränderungen ergeben sich oft erst nach längerer Zeit.

Schnitzeljagd

90 ab 4 Spieler

Für dieses bekannte Geländespiel werden zwei Gruppen gebildet. Die erste Gruppe saust davon und legt unterwegs Spuren. Am besten malt man mit Kreide Pfeile auf die Straße oder legt aus Stöcken und anderen Fundstücken aus dem Wald die Hinweiszeichen. (Papierschnipsel müssen später wieder eingesammelt werden.) Nach einer vereinbarten Zeit startet die Verfolgergruppe und versucht möglichst schnell die Flüchtenden einzufangen. Wenn ihnen das gelungen ist, endet das Spiel.

Kein Material nötig

Überall durchführbar

Tipp

Mit verschiedenen Themen und verschiedenen eingebauten Spielaufgaben versehen, gibt es unzählige Möglichkeiten, das Grundmuster dieser Spielidee auszubauen.

Naturerfahrungspfad

ab 3 Spieler **45–60**

Material
Naturgegenstände

Überall durchführbar

Die Spieler legen einen Pfad für verschiedene Naturerfahrungen an. Auf dieser begrenzten Strecke können naturbezogene Erfahrungen für alle Sinne gemacht werden. Es sollte Angebote zu allen Sinnesbereichen geben. Die Anregungen im Kapitel „Spiele für alle Sinne" helfen bei der Zusammenstellung der einzelnen Stationen. Am besten werden die einzelnen Bereiche deutlich getrennt und so intensive Wahrnehmungen ermöglicht.

Beispiele für einzelne Stationen:
- *Fühlen* Naturgegenstände tasten und erraten lassen.
- *Schmecken* Verschiedene ess- und trinkbare Kostproben mit geschlossenen Augen schmecken und bestimmen.
- *Sehen* Naturgegenstände aus der näheren und wahrnehmbaren Umgebung auf einem Tisch ausbreiten und dann in der Natur wiederentdecken: Blüte, Blatt, Frucht, Rinde, Stein, Moos, Grashalme, Sand.
- *Riechen* Stark duftende Naturgegenstände in Gefäßen oder auf Tellern anbieten und mit geschlossenen Augen riechen und bestimmen: Apfel, Birne, verschiedene Blüten oder auch Gewürze.
- *Hören* Geräusche, die mit Naturgegenständen erzeugt wurden, mit geschlossenen Augen erraten und evtl. der Umgebung zuordnen.
- *Bewegung, Tiefe, Zeit und Raum* Einen Zeitraum schätzen; mit geschlossenen Augen einen Gegenstand eine kurze Strecke transportieren und dort ohne Berührung in ein Gefäß ablegen; mit geschlossenen Augen einen Stein aufnehmen, sich mehrmals im Kreis drehen und ihn an der gleichen Stelle wieder ablegen.
- *Kraft und Spannung* Nach Anleitung möglichst schnell aufeinanderfolgend viele Körperteile gleichzeitig anspannen und kurz darauf wieder entspannen: Zehen, Fuß, Wade, Oberschenkel … Den Spielern dafür genügend Zeit geben.

Kooperative Spiele

Bei kooperativen Spielen gewinnen stets alle Beteiligten. Der Spielspaß entsteht im gemeinsamen Zusammenwirken aller. Der Reiz des Spieles liegt darin, die unterschiedlichen Fähigkeiten und Ideen der einzelnen Mitspielerinnen und Mitspieler miteinander zu nutzen.

Am Freitag spielt der Robinson

Material

Säge, Holzstämme, Rindenabfall, Stroh, grobe Holzspäne, lange Ruten, Steine

Ort

Feldrand, Wiese

Aus Holzstämmen werden zahlreiche schmale Scheiben gesägt, aus dünneren Stämmen viele verschieden lange Stammstücke. Sie werden zusammen mit Steinen unterschiedlicher Größe, Rindenabfall, Stroh, groben Holzspänen und langen Ruten in einer abgegrenzte Fläche sortiert abgelegt. Danach beginnen alle mit dem vorhandenen Material etwas auszuprobieren. Dabei entdeckt sicher jeder viele Möglichkeiten, die in den Naturgegenständen stecken, und entwickelt nach und nach ein eigenes Spiel. Fantasieren mehrere Spieler mit, entstehen möglicherweise gemeinsame Regeln oder einzelne Aufgaben zu einem Spiel.

Mimikry – wo warst du?

Material

Alte Kleidungsstücke, evtl. saubere Abfallsäcke oder Kartoffelsäcke (Vorsicht: Viele Säcke stauben sehr), starkes Klebeband, Bindfaden, Naturmaterialien aller Art, Taschenmesser, Scheren und evtl. Fotoapparat

Ort

Überall in der Natur in einem großen, abwechslungsreichen Gebiet

Hinweis

„Mimikry" nennt man eine Schutzanpassung bei wehrlosen Tieren, die eine bestimmte Körperhaltung, das Verhalten oder auch die Farbe eines anderen, wehrhaften Tieres annehmen, um sich auf diese Weise zu schützen. Schwebfliegen nutzen z.B. diesen Trick, um wie Wespen auszusehen.

Für die spannende und interessante Aktion kann man ein wichtiges Verwandlungsprinzip aus der Natur selbst kennenlernen. Die Spieler teilen sich in Paare oder bei vielen Mitspielern in Dreierteams auf. Jedes dieser Teams bekommt die Aufgabe, sich geheim einen Ort in einem etwa 400 x 400 m großen Spielgebiet zu suchen. Keine Kleingruppe sollte wissen oder sehen können, wo sich die jeweils anderen Spieler befinden. Nach 90 Min. treffen sich alle wieder am Ausgangspunkt.

Jedes Team sucht sich eine Stelle, die sehr interessante Oberflächen, Strukturen oder Gewächse aufweist. Nun soll ein Spieler von jedem Team wie bei einer „Mimikry" so an die Umgebung angepasst werden, dass man ihn nicht sofort entdecken würde. Dazu zieht die ausgewählte Person zunächst die alte Kleidung über. Mithilfe eines starken Klebebandes oder einer Schnur wird sie von den zwei übrigen Spielern mit Materialien der natürlichen Umgebung so „eingekleidet", dass die Person an dieser Stelle nur sehr schwer zu entdecken wäre.

Wenn die Verwandlung fertig ist, begeben sich alle Teams auf Umwegen (um so die genaue Herkunft etwas zu verschleiern) zum Treffpunkt. Die Kleingruppen sollen nun herausfinden, welcher Ort im Spielgebiet die Vorgabe für die jeweilige „Mimikry" der anderen war.

Robin Hoods Bande –
Rächer der Enterbten

Eine kooperative Spielaktion für verwegene Abenteurer

Die kooperative Spielaktion ist in eine Geschichte eingepasst und lädt auf-
lockernd zu Beginn, im weiteren Verlauf die Gemeinschaft fördernd und
mit einem spannenden Höhepunkt zum Mitmachen ein. Dabei gewinnen
alle Beteiligten, denn jeder ist mit seinen unterschiedlichen Fähigkeiten
wichtig.

Zur Vorbereitung sollte ein Spielleiter die komplette Spielkette durchlesen
und sich die Spielgeschichte (im Text kursiv abgedruckt) sowie die Spiel-
regeln aneignen. Mit eigenen Worten wiedergegeben kommen sie bei den
Spielern viel lebendiger an.

*Robin Hood, der berühmt-berüchtigte Rächer der Enterbten, hat sich mit
seinen Anhängern in den Sherwood-Forest um Nottinghamshire zurückge-
zogen. Der Wunsch nach Gerechtigkeit schweißt die Männer und Frauen
zusammen und lässt sie in vielerlei Hinsicht aktiv werden. Ihr gemeinsames
Ziel lautet: Einsatz für die Unterdrückten und ungerecht Behandelten.*

*Robin Hood betrachtet seine neuen Gefährten ausgiebig, die sich im
Wald verkrochen haben und ihm künftig zur Seite stehen werden. Jeder
hat und ist etwas Besonderes.*

Tipp

*Spielaktionen können zu jedem er-
denklichen Thema gestaltet werden.
Die Wirkung einer Spielgeschichte
wird intensiver, wenn sich die Spielleitung passend zum jeweiligen
Thema etwas verkleidet.
Die Spiele können selbstverständlich auch allein für sich gespielt
werden und sind ebenfalls in anderen Zusammenhängen (Geschichten) möglich.*

Stammbaum

Die Spieler stellen sich auf einen langen liegenden Baumstamm und sollen sich nach Alter sortieren, ohne den Stamm
zu verlassen. Es können auch andere Sortierkriterien gelten
(Körpergröße, Schuhgröße, Alphabet, Anfangsbuchstaben
der Vornamen).

Material

1 liegender Baumstamm

Ort
Überall auf freier Fläche

ab 6 Spieler   10

Kooperative Spiele

Robins Bande

Robin will nun seine Bande zusammenstellen, die sich jedoch erst zusammenfinden muss.

Eine rechteckige Spielfläche von etwa 8 x 5 Metern wird mit dem Schuhabsatz in den Boden eingeritzt und markiert. Auf halber Länge halbiert man das Feld durch eine Mittellinie. Die Gruppe unterteilt sich in Städter und Dörfler, die sich in die beiden Spielfeldhälften begeben.

Es gibt unter den Städtern und Dörflern „Bogenschützen", „Wegelagerer" und „Gutherzen". Die Bogenschützen gewinnen gegen die Wegelagerer, die Wegelagerer übertrumpfen die Gutherzen und die Gutherzen schließlich sind Sieger gegenüber den Bogenschützen. Die Bogenschützen spannen einen imaginären Bogen und rufen: „Nieder mit dem Adel und den Mächtigen!" Die Wegelagerer erheben wild eine Faust verbunden mit dem Spruch: „Her mit Wertsachen und Geld!" Und die Gutherzen fassen sich mit beiden Händen ans Herz und rufen: „Für meine Herrschaft will ich sterben!"

Die Gruppen beraten sich heimlich, welchen „Typ" sie gemeinsam als Gruppe darstellen wollen, also Bogenschützen, Wegelagerer oder Gutherzen. Sobald die Gruppen sich im Stillen geeinigt haben, ruft die Spielleitung: „Was ist los in Sherwood-Forest?" Die beiden Gruppen laufen nun blitzschnell gleichzeitig Richtung Mittellinie des Spielfeldes aufeinander zu, rufen den zu ihrer Rolle gehörenden Spruch und machen dabei die passende Bewegung.

Die Gruppe, deren Zugehörigkeit über der anderen steht, verfolgt blitzschnell die unterlegenen Gegner, die hinter ihre Grundlinie zu fliehen versuchen. Die Verfolger versuchen die Unterlegenen abzuschlagen, bevor diese hinter ihrer Grundlinie angelangt sind. Wer mit einem leichten Klaps auf die Schulter erwischt wurde, wechselt umgehend die Gruppenzugehörigkeit und wird entweder zum Städter beziehungsweise zum Dörfler.

Dann folgt eine neue Runde. Die Städter und Dörfler verteilen sich auf die beiden Spielfeldhälften, beraten sich wieder, um dann erneut zu zeigen, was in Sherwood-Forest los ist. Verlierer fliehen, Gewinner jagen. Wenn eine Gruppe bis auf zwei dezimiert ist, endet das Spiel.

Kooperative Spiele

Der heilige Speer

Für bestimmte Herausforderungen müssen bisweilen auch ungewöhnliche Maßnahmen ergriffen werden. Eine davon ist das gemeinsame Werfen des heiligen Speers.

Eine gewundene und verwinkelte Strecke wird mit dem Ast in den Boden geritzt. Der Weg sollte dabei möglichst abwechslungsreich über Wurzeln und steinige Stellen hinweg verlaufen und kurvig sein, am besten auch Höhenunterschiede oder zu unterlaufende Begrenzungen aufweisen wie z. B. den niedrigen Ast eines Baumes. Nach etwa 20 – 30 Metern markiert man eine Abwurfstelle sowie 4 – 5 Meter davon entfernt einen Zielkreis. Das kann auch ein kleines Erdloch oder ein großes Blatt sein.

Die Spieler stellen sich längs des Astes auf und heben ihn dann so hoch, dass er jeweils den Handrücken der rechten Hand eines jeden Spielers berührt. Dann heben sie den Speer auf Hüfthöhe an. Ab jetzt darf keiner der Spieler mehr den Kontakt zum Speer verlieren.

Die Aufgabe besteht nun darin, den Speer die markierte Strecke entlang zu transportieren und schließlich von der Abwurfstelle in den Zielkreis zu schleudern. Auch der Abwurf muss so geschehen, dass der Speer beim Abwerfen noch auf den Handrücken aller Spieler liegt.

Material

1 etwa 2 m langer, etwa 2 Daumen starker Ast, ggf. ein großes Blatt

Ort

Abwechslungsreiches Gelände am Waldrand

Kooperative Spiele

Material

Was die Natur so bietet wie Kieselsteine, Rindenstücke, Äste und Zweige, Blätter, Schneckenhäuser; einige Trinkbecher aus Pappe, eventuell 1–2 bruchsichere PET-Flaschen

Ort

Überall

Fette Beute

Häufig machen Robins Spielgefährten fette Beute, die in ihr Versteck transportiert werden muss. Mal sind es Gold und Silber, mal edle Textilien, mal Gewürze oder wertvolle Flüssigkeiten wie edle Öle oder wohlriechenden Parfüms.

Ein Beuteversteck wird mit dem Schuhabsatz oder einem Stock in den Boden gekratzt. Etwa 10 Meter davon entfernt konstruieren die Spieler gemeinsam eine stabile etwa 1,20 x 1,20 cm große Transporttrage aus vorhandenen Naturmaterialien aller Art wie Zweigen, Grashalmen, Blättern und Rindenstücken, die miteinander und ineinander verflochten und verwoben werden.

Nach der Fertigstellung wird sie auf eine ebene Fläche gelegt und sodann mit Wasser gefüllte, offene Trinkbecher darauf abgestellt. Alle Spieler heben die Transporttrage gemeinsam an und versuchen die Gefäße, ohne diese festzuhalten, sicher, und ohne den Inhalt zu verschütten, ins Beuteversteck zu transportieren.

Variante:

Es können auch größere Kieselsteine (Goldstücke), Schneckenhäuser und Federn (wertvoller Schmuck) als Beutegut verwendet werden.

Am Ende einer langen Arbeitswoche mit zahlreichen Überfällen und Beutezügen findet sich Robins Bande gerne auf Robins Baum zusammen, der von einem modrig-matschigen Moor umgeben, tief versteckt im Wald Schutz vor Verfolgung und Entdeckung bietet. Allerdings gelangt man nur sehr mühsam dorthin. Auf diesem uralten, riesigen Baum haben sich die verwegenen Waldbewohner ein gemütliches Baumhaus eingerichtet, in das sie sich gerne zurückziehen, meistens um einen gelungenen Wochenschluss zu feiern, bevor sich nach einer Erholungspause schon bald wieder losziehen, um für die Gerechtigkeit zu kämpfen.

Kooperative Spiele

Robins Baum

An beliebiger Stelle wird eine etwa 1,5–2 Meter große Fläche mit Rinden-stücken eingegrenzt. Dann werden in Abständen von etwa 1–1,5 Meter Abstand die Steine ungeordnet im Moor (auf der Spielfläche) verteilt.

Einer der Spieler wird zum Robin (Spielleiter) ernannt, der darauf achten muss, dass die komplette Bande den Baum erreicht. Alle anderen Spieler begeben sich jeweils auf einen der ausgelegten Steine und stellen sich darauf. Robin sorgt dafür, dass die jeweils am weitesten vom „Baumhaus" entfernten Steine genutzt werden.

Nach Robins Ruf „Ab durch die Mitte, fix zur Hütte!" versuchen alle, sich in das Baumhaus zu begeben. Die Bandenmitglieder dürfen sich jedoch nur auf den ausgelegten Steinen bewegen. Jeder Stein kann im Höchstfall zwei Spieler tragen. Sobald ein Spieler einen Stein verlässt und kein zwei-ter Spieler darauf steht, versinkt dieser Stein im Moor und wird von Robin durch Auflegen eines Kieselsteins als unbenutzbar kenntlich gemacht. Robins Leute dürfen sich gegenseitig helfen, sich einander festhalten oder auch tragen. Entscheidend ist jedoch, dass sie nur über die ausliegenden Steine das Baumhaus erreichen. Wer das Baumhaus erreicht hat, darf die Grundfläche nicht mehr verlassen. Wenn alle Spieler sicher ihr Versteck erreicht haben, kann kräftig gefeiert werden.

Variante:

Wenn die Spieler damit einverstanden sind, kann auch so gespielt werden, dass die Steine vor Spielbeginn durchnummeriert werden und Robin alle dreißig Sekunden in der Zahlenreihenfolge Steine als unbenutzbar markiert.

Material

In dreifacher Spieleranzahl etwa fußballgroße Steine und Fels-brocken, ebenso viele Kieselsteine, eine mit Rindenstücken einge-rahmte Baumhaus-Grundfläche von etwa 1,50 x 2 m, für die Variante 1 Armbanduhr mit Sekundenanzeige

Ort

Wiese oder ebene nicht befestigte Fläche von etwa 8 x 8 m

Register

Das Register ist geordnet nach Mindestanzahl der Mitspieler.
Beachten Sie auch die besonders ausgewiesenen Förderbereiche.

Spieltitel	Mindest-anzahl	Dauer	Mindest-alter	Spiel-leiter	Förderbereiche	Material	Seite
Am Freitag spielt der Robinson	1	45	7		Fantasie, Vorstellungskraft	Holz, Stroh, Steine, Säge	126
Astrolle	1	15	5		Geschicklichkeit, Kraftempfinden	Dicker Ast, 1 Stock	28
Bilder vom Untergrund	1	20	6		Tast-, Kraftempfinden, Sehsinn	Papier, Stifte	102
Bunte Perlen im Wind	1	20	4	x	Feinmotorik	alles für Seifenblasen, s. Spiel	83
Erdbilder	1	60	7		Sehsinn, gestalterischer Ausdruck	Erdboden, Landschaftsbilder	79
Erdpalette	1	20	8		Sehsinn, ästhetisches Empfinden	Diverse Bodenuntergründe, Esslöffel oder Minischaufel	79
Ewige Steinstadt	1	45–90	6		Fantasie, Feinmotorik,	Steine, Steinkleber	107
Garten im Glas	1	45–60	8		Vorstellungskraft, ästhetisches Empfinden	Glas mit Korken, Pflanzen, feiner Kies	105
Gipfelrolle	1	8	5		Körpergefühl, Raumempfinden		15
Hosenträger für Schneemenschen	1	60	7		Vorstellungskraft, Fantasie, Motorik, gestalterischer Ausdruck	Lebensmittelfarben, Blumen-Sprühpumpe, Pinsel	68
Kleine Landschaft	1	45	5		Fantasie, Vorstellungskraft, ästhetisches Empfinden	Naturmaterialien, Alleskleber, flache Kartondeckel	105
Labyrinth	1	45	8		Vorstellungskraft, gestalterischer Ausdruck	Kieselsteine, Sand, Erde, Labyrinthfotos	56
Lagerfeuer	1	20	9	x	Naturkenntnisse und -wissen	Steine, Erde, Stöcke, Äste, Stroh, Heu, Zündhölzer	80
Landschaft im Glas	1	60	7		Vorstellungskraft, Fantasie, ästhetisches Empfinden	Erde, Sand, Steinchen, Ton, Gurkenglas für jeden	79
Lichter der Stadt	1	60	7		Vorstellungskraft, Fantasie	Teelichter, Blumenspritze	64
Luftschlange	1	5	5		Körperkoordination	5–10 m langes Stoffband	83
Naturflieger	1	20	7		Vorstellungskraft, Gleich-gewichtssinn, Motorik	Naturmaterialien	82
Naturwand	1	30	9	x	Fantasie, gestalterischer Ausdruck, Feinmotorik	Natur-Dias, Projektor, Farben, Pinsel, Papier	112
Sandstadt	1	45–60	4		Fantasie, Feinmotorik	Feuchter Sand	53
Schneepastelle	1	20	5		Fantasie, darstellerischer Ausdruck	Lebensmittelfarben, Blumen-Sprühpumpen	61
Schneeschuhe	1	30	8	x	Geschicklichkeit, Feinmotorik	Weidenruten, Schnur, Taschenmesser, Gartenschere	61
Schneeskulpturen-Park	1	60	8		Fantasie, Feinmotorik, ästhetisches Empfinden,	Naturmaterialien, Folien, Kerzen, Taschenlampen	111
Steinbilder	1	30	5		Fantasie	Steine, evtl. Sand	55
Steine schnappen	1	15	6		Koordination, Reaktion	5 mandelgroße Steinchen	52
Trockenmauer	1	90	8	x	Geschicklichkeit, Vorstellungskraft	Steine, Erde, Sand	78
Wasserrad	1	90	8	x	Vorstellungskraft, Feinmotorik, Geschicklichkeit	Stöcke, Gras- oder Rinden-schnur, Messer, Gartenschere	110

Register

Spieltitel	Mindest-anzahl	Dauer	Mindest-alter	Spiel-leiter	Förderbereiche	Material	Seite
Wasserschloss	1	30	6		Vorstellungskraft, Feinmotorik	Naturmaterialien	44
Werkzeug aus Naturmaterial	1	60	8		Vorstellungskraft, Feinmotorik	Naturmaterialien, Schnur, evtl. Fundstücke	119
Wurfkastanien	1	10	5	x	Feinmotorik	Handbohrer, Gräser/Schilf	82
Ab in die Grube	2	10	5		Raumempfinden, Kraft-empfinden, Motorik	Kleine Steinchen	52
Adlerauge	2	10	4	x	Sehsinn	Liste mit Sammelaufträgen	86
Am meisten und doch am höchsten	2	10	7		Gleichgewichtssinn, Geschicklichkeit	Viele verschiedene Steine	51
Antipoden	2	20–30	5		Visuelle Wahrnehmung, Einschätzungsfähigkeit	Naturmaterialien	20
Balanceakt	2	10	5	x	Gleichgewichtssinn, Motorik	Baumstämme	96
Bilderwerfen	2	20	9		Raumempfinden, Vorstellungs-kraft, Geschicklichkeit	Warme Kleidung	65
Bobbahn	2	45	8		Vorstellungskraft	Sprühpumpe, Murmeln	65
Das ist der Richtige	2	10–15	7	x	Sehsinn	Baumsilhouetten aus Pappe, Bestimmungsbüchlein	14
Den Dingen auf der Spur	2	20–40	7		Körpergefühl, Raumempfinden	Naturgegenstände wie Steine, Zapfen, Äste, Blätter	20
Der ist es	2	15	8		Vorstellungskraft, sprachlicher Ausdruck, Wahrnehmung	Verschiedene Steine, Holz- oder Rindenstücke	54
Eis-Po	2	10	6		Körperkoordination, Motorik	Tuch, Pappe, Handschuhe	64
Eisschlauch	2	30	6		Tastsinn, Geschicklichkeit	Schlauchstücke, Kronkorken	65
Feuerschatten	2	30	7	x	Fantasie, darstellerischer Ausdruck	Fackeln, Kerzen, Leintuch, Schnur, Streichhölzer, Eimer	81
Floß	2	45–60	7	x	Vorstellungskraft, Feinmotorik	Naturmaterialien	106
Flugtag	2	20	7		Vorstellungskraft, Geschicklich-keit, Feinmotorik	Papier, Bauanleitungen für Flieger, Weidenring, Stifte	40
Fühle, was ich sehe	2	15	8		Körpergefühl, Vorstellungskraft		88
Gemini	2	20–30	7		Visuelle Wahrnehmung, Vertrauen, Tastsinn, Spaß, Erinnerungsvermögen	Naturgegenstände wie Steine, Zapfen, Äste, Blätter, Rinde	20
Gerade noch trocken geblieben	2	15	9		Koordination, Übersicht, Motorik		59
Gleicher Weg noch mal	2	20	7		Merkfähigkeit, Raumempfinden, Vorstellungskraft		100
Glühende Zeichen	2	20	7	x	Vorstellungskraft, Motorik	Feuerstelle oder Grill, Stock	81
Gut gefühlt ist halb erraten	2	20	7		Tastempfinden, Vorstellungskraft	Naturgegenstände	88
Gut getarnt	2	30	9	x	Sehsinn, Übersicht	Naturgegenstände	86
Hast du das gehört?	2	10	6	x	Hörsinn, Konzentration		39
Hörreihe	2	20	5		Hörsinn, Merkfähigkeit, Vorstellungskraft	Geräusch erzeugende Naturgegenstände	91
Ich hab noch eins	2	15–20	7	x	Sehsinn, Naturkenntnisse	Blätter, Bestimmungsbuch	27

Spieltitel	Mindest-anzahl	Dauer	Mindest-alter	Spiel-leiter	Förderbereiche	Material	Seite
Kopfstock	2	15	5	x	Gleichgewichtssinn, Koordination	Baumstämme, 1 Stock	97
Leben wie Robinson auf der Insel	2	150–180	8	x	Fantasie, Vorstellungsvermögen, Raumempfinden, Motorik	Naturmaterialien	118
Leuchtschiffchen	2	15	5	x	Feinmotorik	Teelichter, schwimm-fähige Gegenstände	72
Minotaurus friert	2	45–90	8		Vorstellungskraft, Raum-empfinden, Geschicklichkeit		62
Mosaik	2	30–60	7		Fantasie, Vorstellungskraft, Feinmotorik	Naturmaterialien	109
Mütze hoch und drauf	2	5	7		Kraftempfinden, Sehsinn, Körperkoordination	Mütze	63
Naturgesichter – Naturgeschichte	2	45–60	8	x	Sehsinn, Fantasie, Vorstellungskraft	Naturmaterialien, Schnur, Gummilitze	109
Naturgewebe	2	45–60	7	x	Fantasie, Feinmotorik, gestalterischer Ausdruck	Naturmaterialien, Schnur	107
Naturimpuls	2	20–45	8	x	Seh- und Tastsinn, sprachlicher Ausdruck		29
Naturnotizen	2	–	8	x	Sehsinn	Heft, Stift, evtl. Fotoapparat	123
Naturpark	2	45	5		Sehsinn, Fantasie, gestalterischer Ausdruck	Naturgegenstände und -fundstücke	24
Naturskulptur	2	45–60	8		Sehsinn, Fantasie, Vorstellungs-kraft, ästhetisches Empfinden	Naturmaterialien	108
Naturverpackung	2	45–60	7		Vorstellungskraft, Fantasie	Zeitungen, evtl. Fotoapparat	103
Ohne Unterbrechung	2	15	7		Fantasie, Motorik,	1 Stock	54
Pfützeln	2	5	6		Gleichgewichtssinn, sprachlicher Ausdruck	Große Steine	60
Pfützen trocknen	2	10	8		Motorik, Geschicklichkeit		59
Pfützenbüchsengolf	2	5–10	4		Kraftempfinden, Raum-empfinden, sprachlicher Ausdruck	Kleine Steine, leere Konservendosen, Stöcke	60
Pi	2	15	9	x	Raumempfinden, Vorstellungskraft		66
Rettet die Titanic	2	10	6		Feinmotorik, Geschicklichkeit, Kraftempfinden	Papier, flexible Leerrohre (1 m x 1,5 cm)	59
Rindenschrat und Wurzelgeister	2	45–60	6	x	Sehsinn, Fantasie, gestalterischer Ausdruck	Naturmaterial, evtl. Taschen-lampe und -messer	25
Rollern	2	15	8	x	Gleichgewichtssinn, Reaktions-vermögen, Körpergefühl	1 m lange Stämme	98
Schneeballballern	2	30	5		Kraftempfinden, Motorik,	Plastikfußball	68
Schwimmendes Ei	2	5	6	x	Körperkoordination, Kraftempfinden	Tischtennisbälle	44
Schwingender Robinson	2	30–60	10	x	Geschicklichkeit, Vertrauen, Körpergefühl, Kraftempfinden	Stabile, frische Rinden-streifen, Taschenmesser	31
Seilancieren	2	10	4		Gleichgewichtssinn, Vertrauen	5 m langes Seil oder Tau	96
So viel gibt es in der Stadt	2	70	8		Übersicht, Naturkenntnisse	Zettel, Stifte	39

Register

Spieltitel	Mindest-anzahl	Dauer	Mindest-alter	Spiel-leiter	Förderbereiche	Material	Seite
So war das früher	2	90	7		Sprachlicher Ausdruck, Selbst-bewusstsein, Naturkenntnisse	Zettel, Stifte	37
Spür wie die Natur dich streichelt	2	10–20	5		Tastsinn		12
Spuren legen	2	45	8	x	Übersicht, Sehsinn, Symbol-kenntnis	Notizpapier, Stifte	31
Spurensuche	2	30–45	8	x	Sehsinn, Wissen		67
Stammklang	2	30	6		Hörsinn, Klangempfinden	Äste, 1 harter Stock	32
Steinboule	2	10	5		Raumempfinden, Kraftempfinden	Faustgroße Steine, 1 kleines Steinchen	50
Steineln	2	20-30	7		Geschicklichkeit,	Nussgroße Steinchen mit ungleichmäßiger Oberfläche, Filzschreiber	18
Strukturgesicht	2	45–60	9		Sehsinn, sprachlicher Ausdruck, gestalterischer Ausdruck	Wasserschminke, Pinsel, Spiegel, Küchentuch	102
Turm	2	60	8		Vorstellungskraft, Feinmotorik	Stöcke, Steine, Moos, Blätter, Rinde, Schnur, Lehm	112
Turmbau	2	10	8		Vertrauen, Gleichgewichtssinn, Vorstellungskraft, Motorik	Viele verschiedene Steine	51
Überall-Bilder	2	30–60	7		Sehsinn, gestalterischer Ausdruck	Papier, Stifte	104
Umweltdetektive	2	45–90	8	x	Sehsinn, Hörsinn, Übersicht	Zettel, Stifte	37
Unterwelt	2	30	6		Feinmotorik	Sand, kleines Fähnchen	78
Verrückt und aufgetürmt	2	15	7	x	Gleichgewichtssinn, Motorik, Geschicklichkeit	Naturgegenstände, Maßband	96
Wackelrinde und Schüttelblatt	2	15	5		Gleichgewichtssinn, Körper-koordination, Wahrnehmung	Rindenstücke, große Blätter	97
Wasserorgel	2	15	6		Hörsinn, Fantasie	Glasflaschen, Grasschnur	111
Wegspiegel	2	20	8		Sehsinn, Vorstellungskraft, Raumempfinden	Kleiner Handspiegel	38
Welcher war's?	2	15	6	x	Tastsinn	Steine, Holz-/Rindenstücke	53
Wie lange noch?	2	5–30	6	x	Zeitempfinden, Vorstellungskraft	Uhr mit Sekundenzeiger, Zettel, Stift	98
Windwerfen	2	10	4		Motorik, Kraftempfinden	Zeitungspapier	34
Zielsteinwurf	2	5	4		Kraftempfinden, Raum-empfinden, Motorik	Steine, unzerbrechlicher Gegenstand	50
Auf ein Wort	3	30–60	8	x	Sehsinn, Fantasie, sprachlicher Ausdruck		26
Ausgewogen	3	10	8		Gleichgewichtssinn	Stabiles Brett, Rohr/Stamm	15
Blatttablett	3	5	5		Gleichgewichtssinn, Motorik	(silbernes) Tablett, Laub	13
Da kommt's her	3	–	7		Sehsinn, Reaktionsvermögen	Naturgegenstände, Fotos davon, Sack oder Tasche	108
Das fällt in den Rahmen	3	30	8		Sehsinn, ästhetisches Empfinden, sprachlicher Ausdruck	Papier- oder Papprahmen, etwa 10 x 15 cm	103
Das ist der Gipfel	3	5	7		Geschicklichkeit, Koordination	Kleine Stöcke und Tücher	62
Du stehst daneben	3	8	8		Sehsinn, Vertrauen, Übersicht	Dunkler Gegenstand	70

Register

Spieltitel	Mindest-anzahl	Dauer	Mindest-alter	Spiel-leiter	Förderbereiche	Material	Seite
Dunkelverstecken	3	30	6	x	Hörsinn, Sehsinn, Vertrauen		72
Einsturzgefahr	3	5	6		Vorstellungskraft, Kraft-empfinden, Geschicklichkeit	1 großes Blatt, viele Steinchen	54
Erkannt – gebannt	3	30–45	8		Körpergefühl, Sehsinn, Hörsinn	3 ca. 1 m lange Stöcke	16
Flaschenball	3	15	5		Kraftempfinden, Körper-koordination, Raumempfinden	Kunststoffflaschen, kleine Softbälle	42
Früchte im Eis	3	15	6		Geschmackssinn	Fruchtstückchen, Eiswürfel-schale, Kühlschrank	95
Frühstück am Pool	3	20	8		Geschicklichkeit, Motorik	Schwimmfähiges Geschirr	47
Genau auf den Punkt	3	20	7	x	Raumempfinden, Vorstellungs-kraft, Vertrauen		100
Genau im Licht	3	15	7		Hörsinn, Raumempfinden, Reaktionsvermögen	1 Holzklotz und 1 Stock je Spieler, 1 Taschenlampe	75
Geschichten aus der Natur	3	10–45	6		Sehsinn, Fantasie, sprachlicher Ausdruck	Naturfundstücke	12
Geschmacksverwirrung	3	15	7	x	Geschmackssinn, Merkfähigkeit	Becher, verschiedene Getränke	94
Gipfelsturm	3	45	7		Reaktionsvermögen, Körper-koordination, Übersicht	Kleine Fähnchen für alle	67
Guten Morgen, liebe Tiere	3	15	4	x	Kontemplation, darstellerischer Ausdruck		10
Heiß	3	20	8		Körpergefühl, Gleichgewichts-sinn, Körperkoordination		37
Hier spricht der Wald	3	20–40	8	x	Fantasie, Naturkenntnisse, sprachlicher Ausdruck	Kärtchen mit Rollen-beschreibungen	26
Höchste Natur	3	10–20	6		Körperkoordination, Gleichgewichtssinn	Mittelgroßer Naturgegenstand	34
Hörschätze	3	30	9		Hörsinn, Übersicht, Vorstellungskraft	Papier, Stifte	90
Hot Bug	3	10	8		Körperkoordination, Reaktionsvermögen	1 handgroßes Rindenstück, Blätter, Grashalme	29
In der Nase liegt die Würze	3	30	8	x	Geruchssinn, Merkfähigkeit	Kleine, mit Duftstoffen befüllte Gefäße, Zettel, Stift	92
Kistenmoos und Schüsselwiese	3	20	5		Körpergefühl, Tastempfinden, Vertrauen	Flache Kartons, Naturmaterialien	89
Leuchtbüchsenschiff	3	10	7		Kraftempfinden, Körper-koordination, Geschicklichkeit	Fischdosen, Teelichter, Filzschreiber, Spritzflaschen	48
Natur finden	3	20	6		Sehsinn, Hörsinn, sprachlicher Ausdruck	Für die Variante: 10 x 10 cm große Zettel, Wachskreide	38
Naturerfahrungspfad	3	45–60	8	x	Tastsinn	Naturgegenstände	124
Naturspur zum Waldschatz	3	30–45	6		Sehsinn, Symbolkenntnis, Übersicht	1 Schatz (leckere Speise oder Ähnliches)	30
Nur die Ruhe	3	10	6	x	Körpergefühl, Motorik, Körperkoordination		14
Pfützen drücken	3	5	7		Kraftempfinden, Körpergefühl, Gleichgewichtssinn	Gummistiefel	58
Sag, wie viel	3	20	7	x	Kraftempfinden, Vorstellungskraft	Mit Gegenständen befüllte Säckchen, Briefwaage	99

Spieltitel	Mindest-anzahl	Dauer	Mindest-alter	Spiel-leiter	Förderbereiche	Material	Seite
Sag's nicht	3	15–30	8		sprachlicher Ausdruck		15
Schatztauchen	3	15	7	x	Übersicht, Körperkoordination, Raumempfinden	60 Kieselsteine, Alufolie, Goldfolie	45
Schmeck mal	3	15	6	x	Geschmackssinn, Merkfähigkeit	Gefäße mit Häppchen	94
Schnuppory	3	20	7	x	Geruchssinn, Merkfähigkeit	Stoffreste, Schere, Duftstoffe	93
Seildreieck	3	5	7		Kraftempfinden, Körpergefühl	1 Seil (ca. 3 m), 1 Stock	13
Sekt ohne Selters	3	10	4		Motorik	Kunststoffschüssel	42
Steinreihe	3	20	7		Sehsinn, Merkfähigkeit	Steine	56
Transportpalette	3	30	7		Kraftempfinden, Geschicklichkeit	Rindenstreifen, Äste, Gras	99
Trüffel schnüffeln	3	15	7		Sehsinn, Übersicht, Motorik	Filzstifte, Steine	32
Über Stock und …	3	20	7		Körpergefühl, Vertrauen		89
Umzug	3	15–30	5		Gleichgewichtssinn	Leere Pappkartons	34
Von Natur umwachsen	3	30	5		Körpergefühl	Naturgegenstände	25
Wasserbewegung	3	10	7	x	Hörsinn, Körpergefühl, Körperkoordination, Motorik		46
Wasserfühlen	3	20	8	x	Körpergefühl, Tastempfinden		84
Wenn ich's hör, erzähl ich's dir	3	30–45	7		Hörsinn, sprachlicher Ausdruck	Geräuschdöschen	27
Wer hören kann, kommt nah heran	3	10	7		Hörsinn, Raumempfinden, Vorstellungskraft	Schwerer Gegenstand, Tücher	90
Wohnen mittendrin	3	60–90	9	x	Fantasie, Mut, sprachlicher Ausdruck	Möbelstücke, Einrichtungsgegenstände	104
Bäumchen wechsle dich	4	15–30	4		Körpergefühl, Reaktion		35
Das war doch ganz anders	4	45	9		Sehsinn, Merkfähigkeit		87
Doppelstock	4	10	6		Gleichgewichtssinn, Konzentration, Kraftempfinden	Gleich lange Stöcke, Naturgegenstände	23
Fette Beute	4	10–15	6	x	Kooperation, Kraftgefühl, Gleichgewichtsempfinden	Naturmaterial, Pappbecher, PET-Flaschen	130
Feuerqualle	4	5	4		Kraftempfinden	Luftballons	44
Geländekopie	4	30	8		Visuelle Wahrnehmung Sprachlicher Ausdruck	Naturmaterialien wie Steine, Stöcke, Blätter	17
Giftfisch	4	10	5	x	Kraftempfinden, Körper-koordination, Raumempfinden	2 Plastikfußbälle, 1 Wasserball	42
Gruselkugel	4	10	6		Sehsinn, Reaktionsvermögen	1 Wasserball	46
Guter Geschmack	4	20	8	x	Geschmackssinn, Merkfähigkeit, sprachlicher Ausdruck	Diverse Lebensmittel, Gefäße mit Deckel, Zettel, Stift	95
Horch, was war das?	4	30	9	x	Hörsinn, Vorstellungskraft, Merkfähigkeit	Geräusch erzeugende Naturgegenstände	91
Kniebaum	4	20–30	7		Motorik, Kraftempfinden, Konzentration	Entasteter Baumstamm (ca. 40 cm)	28
Kreuzungsfrei	4	8	4		Körpergefühl, Motorik, Raumwahrnehmung		11

Spieltitel	Mindest-anzahl	Dauer	Mindest-alter	Spiel-leiter	Förderbereiche	Material	Seite
Luchsjagd	4	30	9	x	Sehsinn, Vertrauen, Übersicht	2 kleine Taschenlampen	71
Mimikry – wo warst du?	4	120	8	x	Sehsinn, Fantasie, gestalterischer Ausdruck	Ausgewählte Materialien nach Spielanleitung	126
Nachtgeheimnis	4	20	9	x	Raumempfinden, Vertrauen, Mut, Hörsinn		75
Naturkugel	4	15	6	-	Einschätzungsfähigkeit	Leichte Naturmaterialien (Blätter, kleine Zweige, Rinde), Bindfaden	17
Nur ein Augen-Blick	4	30	6		Vertrauen, Sehsinn, Tastsinn		24
Pfad des Wissens	4	20	8		Naturkenntnisse, Vertrauen		36
Pfützen-Weitsprung	4	10	6		Kraftempfinden, Körper-koordination, Raumempfinden	Wetterfeste Kleidung, Gummistiefel	58
Play Bach	4	30	9		Vertrauen, Hörsinn, Raum-empfinden, Fantasie		84
Presseschwimmer	4	8	8	x	Geschicklichkeit, Koordination	Alte Zeitungsbogen	48
Rallye zu den Schatten der Nacht	4	90	9	x	Sehsinn, Hörsinn, Übersicht, Mut	Tuch, Schnur, Teelichter, Gläser, Aufgaben, Stifte	76
Schlange nicht mehr gesehen	4	15-20	6		Hörwahrnehmung Konzentration	Trockene Blätter, dünne Äste, ggf. 1 Tuch	19
Schneekugel-Transport	4	10	6		Körperkoordination, Kooperation		63
Schneerugby	4	10	9	x	Reaktionsvermögen, Motorik	Gelber Tennisball, 2 Eimer	66
Schnitzeljagd	4	90	8	x	Übersicht, Sehsinn, Körpergefühl		123
Schwarzes Loch	4	10	8		Raumempfinden, Kraft-empfinden, Vorstellungskraft	1 Taschenlampe, verschiedene Wurfgegenstände	73
Stein im Schuh	4	15	5		Sehsinn, Körperkoordination	Steine	56
Sternschnuppe	4	20	7	x	Hörsinn, Raumempfinden	1 Taschenlampe, schwere Gegenstände	73
Strahlemann	4	20	8	x	Sehsinn, Reaktionsvermögen, Raumempfinden	1 Taschenlampe	71
Tiefschnee-Ball	4	20	8		Körperkoordination, Reaktionsvermögen	Wasserball	63
Uhu	4	20	8	x	Hörsinn, Körperkoordination	1 Taschenlampe	74
Wanderrallye	4	60–90	7	x	Körpergefühl, Tastsinn, Vorstellungskraft	Ausgewählte Materialien nach Spielanleitung	120
Was riecht denn da?	4	20	6		Geruchssinn, Vorstellungskraft		92
Wasserverlies	4	15	8	x	Raumempfinden, Tastsinn, Körperkoordination		47
Wilder Naturgesang	4	15	6		Fantasie, stimmlicher Ausdruck		11
Wunder im Licht	4	25	8		Sehsinn, Vertrauen	Mehrere Taschenlampen	74
An der Hand erkannt	5	20	8		Sehsinn		87
Der heilige Speer	5	5	7	x	Geschicklichkeit, Kraftempfinden, Kooperation, Zurückhaltung, Gleichgewichtsempfinden, Motorik	2 m langer, daumenstarker Ast, größeres Blatt	129

Spieltitel	Mindest-anzahl	Dauer	Mindest-alter	Spiel-leiter	Förderbereiche	Material	Seite
Mensch über Bord	5	20	9	x	Körperkoordination, Geschick-lichkeit, Kraftempfinden	Je 2 alte, gewaschene Hosen, Jacken und Hüte	45
Robins Baum	5	10	7	x	Körpergefühl, Kooperation, Vertrauen, Gleichgewichtsempfinden	Große Steine, Kieselsteine, Rindenstücke, Armbanduhr mit Sekundenanzeige	131
Stammbaum	5	5	5	x	Gleichgewichtsempfinden	1 liegender Baumstamm	127
Unterwasser-Besprechung	5	25	8	x	Körpergefühl, Hörsinn, sprachlicher Ausdruck	Zettel mit Sprüchen, Stifte	43
Wanderstern	5	30	8		Körpergefühl, Reaktion, Körperkoordination, Motorik	Ball	36
Gaudi-Radrallye	6	90–120	9	x	Naturkenntnisse, Tastsinn	Ausgewählte Materialien nach Spielanleitung	114
Geheimnisträger	6	60–90	9	x	Körpergefühl, Übersicht	Faustgroße Steine, 2 rote und 2 blaue Aufkleber	122
Grünes Fest	6	150	6	x	Fantasie, gestalterischer Ausdruck	Naturmaterialien, Lebensmittel, Klebstoff, Illustrierte	116
Helleland und Dunkelland	6	20	6	x	Sehsinn, Reaktionsvermögen, Körpergefühl	Beidseitig schwarz bzw. weiß bemalte Holzscheibe	40
Lasst euch nicht erwischen	6	45–90	9	x	Übersicht, Kooperation, Sehsinn, Naturkenntnisse	Aufgabenzettel, Sifte, Plan des Spielgebietes	35
Lichtquartett	6	8	7		Sehsinn, Reaktionsvermögen	Kerzen, Taschenlampen, kleine Naturgegenstände	70
Meine Nase sagt mir, das bist du	6	25	8	x	Geruchssinn, Raumempfinden, Vertrauen	Stofffläppchen, ätherische Öle	93
Rinks und Lechts	6	10	6		Raumempfinden, Koordination	2 Bälle	39
Robins Bande	6	10	6	x	Visuelle Wahrnehmung, Körper-gefühl, Reaktionsvermögen, Darstellerischer Ausdruck		128
Sandstaffel	6	10	7		Körperkoordination, Motorik	Sand, Messgefäß	55
Schatz aus Atlantis	6	15	8	x	Körperkoordination, Reaktion	2 kleine Wasserbälle	43
Waldmeister und Waldgeister	8	45	10		Übersicht, Denkvermögen, Vorstellungskraft	Fichtenzapfen	117
Das Geheimnis im Moor	9	60–90	9	x	Naturkenntnisse und -wissen	Zettel, Stifte, 5 Stoffstreifen (15 x 100 cm), Trillerpfeife	22